Hacking Life

Systematized Living and
Its Discontents

駭客思維

抓出生活中的不合理，優化你的人生

小約瑟夫・雷格爾——著　吳宜蓁——譯

JOSEPH M. REAGLE JR.

獻給媽媽
感謝妳教我人生第一項駭客技巧：繫鞋帶

推薦序

摩登修煉者

萬維綱

有一次，跟我一個幾年未見的大學同學在費城逛中國超市。我想買點好吃的帶走，他給我推薦了幾個東西，突然問我：「你抵制日貨嗎？」

我說我不抵制。他說：「那你可以買這個，這個很好吃。」

我同學眞是個優秀的現代人。我對日貨沒有強烈立場，我同學也不抵制，但是他尊重抵制的人。這就好比說，你可能不信教，也不是素食主義者，但你會照顧一下別人的宗教信仰和飲食取向。這種照顧在很大程度上可能是和平共處的生存智慧，因爲現代社會中，有某種「講究」的人，正在變多。

在美國，你會很容易遇到一個嚴格的素食主義者，或是熱忱的環保主義者，或是強硬的川普反對者，或是高調的冥想修行者。我私下覺得這挺好的，這樣的社會更有意思，而且我認爲，那些有講究的人活得更認眞。他們不是小打小鬧偶爾爲之，而是像古代那些修煉者一樣，是系統化地生活。

小約瑟夫・雷格爾這本《駭客思維》描寫的，也是這樣一群「講究人」，他們是堅決的自我完善者。

你肯定也經常看一些什麼「生活小竅門」的影片、讀點勵志的書、上網查詢各種「怎麼辦」。這些都很好，特別是現在有一些經過科學驗證的方法，的確有效。《駭客思維》這本書裡就列舉了各種被認爲有效的辦法。

你可以用「要事優先」的原則提高工作效率，可以用提升動機的方法管住自己不浪費時間，可以用量化生活的方法管理自己的健康，可以用極簡主義的方法擺脫對物質的執著，可以用心理學和經濟學的方法優化浪漫關係，可以用斯多噶哲學的方法建立一套情緒準則。

但如果你只把這些方法當做解決問題的實用手段，每次用到才想到，或想到才用到，還停留在追問到底有用沒用、有多大用處、怎麼才有用的層次，你跟生活駭客相比，就落了下乘。

研究生上專業課時，會問導師那個知識對科研有多大用處嗎？運動員練基本功，會要求那個動作立即見效嗎？所有的道士明知道「成仙」是虛無縹緲的傳說，爲什麼還要那麼認眞地修煉呢？

以我之見，生活駭客區別於普通問題解決者的關鍵在於，他們眞正在意的並不是有沒有用，而是對個人生活的掌控感。他們就像修仙小說裡的道士一樣，時刻都在審視自己，給自己設定一套嚴格的原則和紀律系統，一心想通過執行這個系統而實現自我升級。

這個升級不是升官、升學、升職那種東西——那些只是副產品——而是個人的效能、健康、意志品質之類內在素質的提升。他們關注的不是某一件事能不能做好，而是自己這個人能達到什麼狀態。

當你遇到一位持戒甚嚴的僧人或道士時，哪怕你並不認同他的信仰，你也會對他肅然起敬。生活駭客讓人尊敬的，不是他們有多厲害，也不是他們的方法有多高級，而是那種自我完善的精神。

自我完善這種精神古已有之。雅典哲學、印度佛教、中國的道教和儒家，從來都不是說大家探討一下理論就行，都是要身體力行，要超凡入聖。孟子「吾善養吾浩然之氣」，班傑明．富蘭克林有本小冊子給自己記道德賬，曾國藩每天必須靜坐、讀史書、寫日記，他們可以說也是生活駭客。

現代的生活駭客都是什麼人呢？作者做了大量的調查研究，像一個人類學家般對生活駭客的分類流派、歷史傳承、思想脈絡和行爲習慣做了全面描述。我們會從中發現，現代生活駭客跟古代的修煉者至少有三點不同，而這正是他們的優勢。

第一，生活駭客的目標更實際。

歷史學家哈拉瑞（Yuval Noah Harari）提出了一個「神人」的概念，認爲未來會有「基因改造加人機合一」的新人類出現。現在人機介面的確是個熱門話題，伊隆·馬斯克等人可能很快就會把它產品化。這跟古人想修煉成仙可說殊途同歸。但據我所知，絕大多數生活駭客並沒有「成爲超人」那麼極端的追求。他們只是想比普通人強一點——或者更嚴格地說，他們想超越的只是平庸的自己。

生活駭客不是深山裡的隱士，他們屬於作者所說的「創新階層」，是現代社會的產物。他們從事的是工程師、教育工作者、藝術家、設計師這樣需要發揮創造力的職業，有自由支配的時間，需要獨立的思考判斷。

如果你很自由，你有兩個選擇：你可以發展一些美食或旅遊之類的業餘愛好去享受生活，但生活駭客選擇的是提升自我。沒人規定他們做多少的時候，他們卻想做更多。

第二，生活駭客注重現代技術。

生活駭客之所以叫駭客，就是因爲他們善於用最新技術去破解生活。他們率先使用新出品的可穿戴設備、用智慧手機做時間管理，還可以把尋找約會對象和預定時間這樣的「生活瑣事」透過網路外包給幾個菲律賓人，更樂於嘗試用營養配方蛋白粉徹底取代一日三餐。

生活駭客還很有實驗精神。既然人體如此複雜，像營養學這種事，連醫生也說不準，他們乾脆拿自己做實驗。「量化生活」運動已經興起多年，最近隨著智慧手表和智慧戒指的普及而變得更流行。生活駭客會詳細監測比如自己進入快速眼動睡眠的時間長短，期待能訂做一個最優化的睡眠方案。

第三，生活駭客非常愛分享。

古代要是哪個門派有點什麼高級功夫，一定得藏著掖著；現代的生活駭客不但完全不介意，而且非常積極地把自己的經驗分享給別人。這個時代缺少的不是知識，而是注意力和意志力——生活駭客發現，別人的注意力能幫助提高自己的意志力。他們會在社群網站公開工作方法和計畫，有的甚至二十四小時直播自己的一舉一動，歡迎網友監督。

如果你能吸引到夠多的粉絲，「分享」就成了一件正經事。

生活駭客中湧現出一批大師級的人物。富蘭克林和曾國藩這些人有時候也愛給人講點人生經驗，但現在的提摩西．費里斯、凱文．凱利等人，在某種程度上已把分享人生經驗做為自己的正式工作。他們非常樂意率先嘗試新事物、發明新名詞，到處講解和鼓吹，享受「人生導師」的感覺。生活駭客的思想市場現在是百家爭鳴，十分熱鬧。

因為這些導師們非常理解「共贏」的道理，所以一向是互相推薦和吹捧，從沒有貶低別人抬高自己的行為。生活駭客導師市場一點都不像以前相聲演員那種互相傾軋的底層江湖，而是一個特別注重公司品牌形象的文化產業。

但生活駭客並不能完全擺脫古代修煉者的宿命：修煉有走火入魔的風險。

嚴肅學者著作和人生導師雞湯勵志書的一個關鍵區別是，後者只提供正能量：這個方法我用了有效，賈伯斯、馬斯克、芒格他們都是這麼做的，你也可以！你要是做不到，那就是你自己的思想有問題，你不配成功。但嚴肅學者會告訴你，任何方法都沒有那麼神奇的療效，成功有很大程度上靠運氣，而且每個方法都有副作用，人生其實是一系列矛盾的選擇。

雷格爾是位嚴肅學者。《駭客思維》這本書列舉了大量的方法和研究，但它並不是鼓動你成爲一個生活駭客。選擇有條件，美德有近敵，方法有風險，優異有代價。

雷格爾每講一種破解生活的方法，都提供了相關的反思。你能選擇把瑣事外包給別人，那是因爲你有一定的經濟條件。極簡主義的生活風格就像蘋果的產品一樣……貴，而且因爲更不願意妥協，反而成爲一種執著。營養學的確不是一門成熟的科學，但拿自己身體測試極端的養生法應該不是個好主意。用心理學和經濟學「經營」出來的浪漫關係，還是浪漫關係嗎？

跟所有修煉者一樣，生活駭客的「優化」要是走到岔路上，就會成爲「黑化」。

話說回來，也跟所有修煉者一樣，生活駭客追求的其實不是「眞有效」，而是意義。

大衛・布魯克斯在《第二座山》提到，理想人生應該有一個「commitment」，大致可以翻譯成「承諾」。承諾是單方面的，只講對自己的約束，而不計外部世界給多少回報。你做這件事，不是因爲它本身怎麼樣，而是因爲通過這個行爲，你的選擇從此有了方向，你的人生有了意義，你對自身有了掌控感，你獲得了自我認同。

我看這也是個悖論。有承諾的人可能到頭來只得到了心理上的滿足感，但沒有承諾的人更可能走不遠。生活駭客崇尚科學，然而只要是個修煉系統，信仰就一定比科學重要。既然人生也充滿不確定性，我們就該給那些捨得在一個領域投入自我的人一點敬意。

有條件成爲一個生活駭客的確是一種幸運，畢竟多了一次機會。成爲生活駭客不需要學歷證明、沒有硬性的天賦要求、不設門檻，而且多數專案其實花不了多少錢。

所以我比雷格爾稍微積極一點。我希望社會上能出現更多生活駭客，每個人都找到適合自己的一派功法，而且眞把它當回事。如此一來，以下這樣的場景會越來越常見：

「你相信地中海飲食嗎？這裡有很多蔬菜和水果，還有低脂牛奶。」

「謝謝，我自己測試過了，地中海飲食不適合我。我等一下有個會議，現在要多吃點蛋白質，再來點糖，我需要腦力！」

「你能給我三十秒嗎？我想給你做個電梯演講，有個新想法。」

「沒事，你慢慢講。算上回饋時間，我給你八分鐘！我正在練習專注力。」

……

生活駭客也許是瞎折騰，但這個人人爭先、借助一切現代化手段努力自我實現的勁頭還眞是好。

（本文作者爲科學作家、得到 app《菁英日課》專欄作家）

推薦序

生活的另一種可能

侯智薰

這本書對我特別具有意義，讓我知道自己不是一個偏執的怪人、知道世界上各種有效改善生活的流派和方法，還能認識一群持續追求自我精進的同好。

我在二〇一九年看到本書的英文原版《Hacking Life》，並被書名裡的「Life」所吸引。因爲在中文世界裡，當我們想到「駭」（hacking），往往會直覺聯想到「有壞人用電腦技術竊取或修改你的資料」，怎麼「生活」也可以被駭？

沒錯，因爲時代不一樣了。工業時代的成就模式是「達到標準」，只要跟著主流的習慣走，八九不離十能成功。比方說，經典的長輩三願：好好讀書、考好大學、進好公司。然而，現在的網路數位時代有另一種成就模式正在崛起，叫做「創造制度」。有一群人，不走傳統的成就金字塔，選擇另闢蹊徑，從全球範圍的虛擬貨幣和共享經濟，創造新的商業生態；再到解放雇傭系統，創造了一人公司、遠距工作和自媒體的自由職業模式；甚至到個人範圍的生活模式選擇，從極簡主義、量化自我，以及遊牧生活，這些人在書中被稱爲創新階層，他們破解了人們習慣的既有生活模式，給了我們不一樣的可能性。

所以，hacking 的眞正意思是用「聰明的方法」來做某事、破解或優化既定的習慣和生活模式。如果你也經常上網搜尋「怎麼做筆記更有效？」「怎麼避免社群媒體成癮？」「怎麼保持專注？」之類的生活小技巧，你可能也是一名「生活駭客」（life hacker，或譯「生活黑客」）。

我想到二〇一六年，當時我還是學生，一天有超過十小時都被化工系的課業給塞滿，在不被當掉的前提下，還要賺學費和生活費來養活自己，所以我必須透過在自己身上實驗，運用各種方法優化自己：先是駭進「效率系統」以提升學習效率、減少待在學校的時間；再駭進「健康系統」，用最少的資源滿足身體機能，但保持精神和專注度；還有駭進「工作系統」，活用數位工具，讓我能遠距工作，不受物理空間限制自由接案。

因爲我「怪異」的生活模式和選擇，我被認爲是一名不太乖的學生，但如果以這本書來看，我是一名「駭客思維」的實踐者，也因爲這本書，我發現原來自己並不孤單，只是對生活講究了些。

我把這種持續破解既有模式的思維實踐至今，把自己當成小白鼠進行實驗，看看我還能做到什麼？所以去年，我選擇離開了年薪百萬的傳統職場，現在跟老婆一起經營一人公司，成立「雷蒙三十」和「柚智夫妻」的品牌，分享高效工作和數位生活的方法。雖然在一開始確實招致社會和長輩們的一頓「毒打」，但現在我們也過得挺好的，不用受限於朝九晚五的日子，可以自由地組合工作和生活，還能進一步結合旅行跟工作，當個數位遊牧者。甚至我們會在每週三的「家庭日」一起去完成一項人生清單上的事，比如看球賽、學跳舞、拍影片。

我很高興這本書這麼快就有繁體中文版，讓更多人能接觸到「駭客思維」的生活應用。我在繁體版尚未出版前，就已在網路上推廣本書。許多人曾問我：「這本是成功學的雞湯書嗎？」

我想告訴你，本書特別之處在於，作者雷格爾是研究數位文化的學者：他不是駭客思維的實踐者和推廣者，而是位研究者。書中匯集了各種生活駭客的眞實案例和科學研究，所以本書並不是成功學勵志書。絕大部分的純雞湯書，雖然讓你在喝完當下感覺身體暖暖的，但沒多久就拉掉了，你還是沒變。因爲它們沒有方法，沒有實驗，沒有科學，沒有工具，只是用不同的話術，告訴你要勇敢一點、再樂觀和自信一點，這世界就會更好。

然而，這世界會不會更好，並不是我們能控制的，我們唯一能控制的只有自己。當別人沉浸在娛樂、被既有的習慣給馴化、隨波逐流的時候，你可以透過本書學到增強效率的技巧，以及自我精進的方法，把時間省下，花在眞正重要的事情上。

此外，作者並非一味鼓吹我們都要成爲生活駭客，他也列出了這些現象的相關批評和反思。畢竟，任何事情一旦過於極端，就容易走火入魔，所以我們需要知道邊界在哪，再去選擇。

我認爲，每一位生活駭客透過行動所傳遞的訊息是，我們需要在意的不該只是這件事有沒有用，而是能不能讓自己活得更有掌控感。透過這些人的生活方式，我們可以意識到：「原來，生活還有這種可能。」

（本文作者爲生活黑客教練，《雷蒙三十》創辦人）

目錄

CONTENS

6 健康駭客

把自己的一切變成數字 159

生活駭客們相信量化能幫助人們改善健康，並拿自己進行各種實驗。

7 戀愛駭客

如果愛情也能用工具來管理 197

演算法能找到伴侶嗎？想脫單有標準步驟嗎？人際關係是可以管理的嗎？

1 序章

一群充滿熱情的人

馬克·里特曼的家是個由感測器和控制器組成的網絡，大量數據在他的房子、身體和車庫的伺服器之間傳輸。門、動作和溫度感測器監測著周圍環境，iPhone和健康手環則時時窺伺著他，一切都被記錄下來以便分析；只要簡單對Siri提出要求，就能控制燈光、溫度和音樂。

里特曼最新入手的小玩意是智慧水壺iKettle，他希望Siri能幫他泡杯茶，甚至還想把泡茶加入早晨的自動化行程：戴在手上的健康手環一旦發現里特曼醒了，就會提醒房子打開暖氣和樓下的燈，還能在他洗完澡前把水燒開。但里特曼一直沒辦法設定好水壺，他在推特與成千上萬名追蹤者分享這段歷程：

「三個小時過去了，我還是沒喝到茶。強制再校正導致無線基地臺重置。」好不容易設定好了，水壺卻無法與其他設備相容：「爲了讓Siri控制水壺，我只好駭進系統，把這些功能整合起來。」他繼續在推特上分享這個過程，等到終於成功時，這個故事已經傳遍了全球——首先是《衛報》的一篇報導：「一名英國人花了十一個小時，試圖用智慧水壺泡一杯茶。」

這個案例完全展現出所謂的駭客心態，也就是對系統工作的熱情（偶爾會過度迷戀）。不過且讓我們想像堅守在科技以外的另一種駭客：

哈柏在打折時買了同樣的智慧水壺，花了幾個週末對它進行一番整頓，但最後得出一個結論：這東西沒救了；更糟的是收據不見了。幸好，還有另一種駭客手段。哈柏記得「生活駭客」網站上的一篇文章〈沒收據也能退貨——幾乎所有商品都適用〉。哈柏選擇做最後一次努力：再放幾個星期，等聖誕節過後再去退貨。儘管可能要排很久的隊，但此時商店通常會比較寬容。

里特曼是個大數據分析師與自我追蹤者，他之所以能成功解決問題，是因爲他了解智慧家電背後的**技術系統**。而哈柏之所以能成功地在沒有收據的情況下退貨，是因爲他了解另一個不同的系統，也就是購物季的**動態系統**。

我們可以從這兩種駭客技巧中看出，過去十年裡，駭客思維已擴及生活各層面，並廣泛應用於各種技術系統，以快速巧妙地解決問題。生活駭客追蹤或分析自己的飲食、財務、睡眠、工作，甚至包括頭痛。他們分享如何有效率地綁鞋帶、打包行李、尋找約會對象，以及學習語言的各項技巧。

提到「駭客」，許多人馬上會聯想到穿著帽T、埋首電腦前的犯罪者，這或許會讓人們對以上所描述的一切感到驚訝，但這些行爲確實符合「駭客」一詞的原義。六十年前，麻省理工學院的鐵路模型愛好者用「hack」一字來形容快速修復「此系統」（火車月臺底下的電線和繼電器網路）的方法。駭客們熱衷於探索、構建和操縱這些系統。

今天，生活駭客涉及的領域除了科技、文化，還包括工作、財富、健康、人際關係，以及其他意義更廣的範圍。這是**駭客思維**的展現，是具系統化與實驗性的個人主義和理性方法。舉例來說，某些自稱「生物駭客」的人正在嘗試「消弭老化工程策略」，從這個名稱看得出來，這些人確實信心滿滿。

隨著科技不斷發展（尤其是各種能串連感測器的應用程式），這種駭客思維陸續出現在生活中許多從未「駭」過的領域。除了延長壽命，還有提高生產力、獲得物質滿足、達到最佳健康狀態、尋找戀愛對象與性伴侶……等系統。

有些系統看起來或許顯得怪異，甚至極端。許多評論者指出生活駭客的自負和誇張行爲，但某些批評者的誇張程度也不遑多讓。比方說，有位記者將生活駭客最喜歡的《搞定！：工作效率大師教你，事情再多照樣做好的搞定五步驟》一書描述爲「資訊時代的聖經，把壓力重重的工蜂們變成古怪新邪教的成員，著迷於保持收件匣淨空」。

把這些狂熱分子稱爲「邪教成員」是很吸睛沒錯，但未免太過頭了。我們都有被工作和電子郵件壓垮的經驗。這些狂熱分子（這個稱呼就非常適合）和《搞定！》跟邪教哪有什麼共通點？也從來沒人說那本書是「神聖」或絕無錯誤的，作者既沒有接受過神啓，也沒有什麼奇特魅力，讀者更不需要放棄生活中的其他事物、必須招募新成員，或把自己與家人朋友分隔開來。

生活駭客是一種生活方式，也是一種自我成長的途徑。考慮到自身的「怪癖」，我對它的優點確實很能感同身受，但也對它的缺點感到憂心。然而，這些擔憂並非源於生活駭客是外星人或邪教成員。之所以會出現生活駭客，是因爲有其天時地利：當生活變得越來越像一個可以管理與建構的系統時，所有人都能藉此獲得一些幫助。

邪教這個詞讓我們忽略了一個更有趣的問題：如果想在二十一世紀活得更美好，生活駭客給了我們哪些啓發？我們將看到，生活越來越像一個複雜的系統，就和智慧水壺一樣。若想像里特曼般成功地整合系統，我們就必須努力掌握它的規則。

極客和大師

一般人多半認爲，「駭客」就是那些入侵電腦、利用系統弱點獲取非法利益的人。但對於熟悉這個詞彙的人來說，它卻有著完全不同的意義。

沒錯，駭客往往技術高超，就像麻省理工學院的鐵路模型愛好者一樣，他們喜歡探索和理解系統。不過對大多數駭客來說，「駭客技巧」意指新穎的解決方案，而且可以共享，包括一些不錯且能逐步趨向完善的修復方法。

分享小技巧並不是什麼新鮮事（想想早在幾十年前，就有「生活小妙招」之類的副刊專欄），自二〇〇四年起，便開始有喜愛技術的作家使用「生活駭客」一詞。二〇〇四年二月，丹尼．奧布蘭恩（Danny O'Brien）在加州聖地牙哥舉行的歐萊禮新興科技研討會上，提出了「生活駭客」一詞。奧布蘭恩是一名作家和數位行動主義者[1]，他指出「頂尖極客」（alpha geeks）的產能是非常高的，而他想與產能最高的技術專家討論他們的電腦桌面、收件匣和行程表的祕密，這個想法立刻受到廣泛歡迎。

那一年，梅林．曼恩（Merlin Mann）推出了「四十三個資料夾」這套方法，運用資料夾概念來整理未來的工作；吉娜．特拉帕尼（Gina Trapani）創立了網站「生活駭客」，至今仍很受歡迎；提摩西．費里斯（Tim Ferriss）在二〇〇七年出版的暢銷書《一週工作四小時》中提及的方法成爲主流。儘管費里斯並不常使用生活駭客這個詞，因爲他自認爲是生活方式設計的自我試驗者；不過《一週工作四小時》和播客讓他成爲最著名的生活駭客實踐者。

「生活方式設計」這個標籤較容易觸及那些自認爲不是駭客的群眾，甚至是不了解駭客意義的人。以下其他標籤則分別代表了不同的關注焦點：**極簡主義者**重視減少開支、過更簡單的生活，這個目標通常需要技術輔助。**泡妞高手**（pick up artists, PUA）運用系統化方法和行爲駭客技巧，提高自己的性吸引力。還有一些人，他們專注於記錄生活（像是每天走路的步數或吃的食物），可能就會認同**量化生活**（Quantified Self）運動。

我認爲這些行爲都是駭客精神的體現，因爲大家都熱衷透過某種系統化方式來改善生活，其中也包括一些小訣竅，例如切洋蔥時該如何才能不流淚，以及一些較具分量的建議，像是如何找到滿足感。

二〇〇二年，理查・佛羅里達（Richard Florida）出版了《創意新貴》一書；幾年後，生活駭客這個詞就出現了。這並非巧合。即使在同一個國家，爲什麼某些地區的發展就是比其他地方好？佛羅里達認爲，擁有技術、人才和寬容度的大都市成長通常較爲顯著；換言之，就是由擁有新想法、新技術和創意內容的工作者在背後推動城市發展，包括藝術家、工程師、作家、設計師、教育工作者和娛樂圈人士。

就美國來說，這些創意階層大約占總勞動人口的三〇%，他們專注於解決複雜的問題，涉及大量的獨立判斷。他們接受，甚至更喜歡彈性工作，即使不符合朝九晚五的工作時間；他們不太關心服儀，認同的是自己的工作而非雇主。這些人與生活駭客理念最接近的部分在於，他們覺得工作太多，總比數著還有多久下班要好；他們抱怨的通常是時間太少，而不是工作過量。生活駭客正是創意階層中選擇系統化方法的那群人。

自認是生活駭客的人之中，有許多人非常典型，但也有著個體差異。我追蹤並與許多

1 以網路上的各種宣傳活動為手段，以達到特定社會或政治目的。

熱衷此道的人交談過（不論是線上或直接會面），即使他們說自己跟別人很不一樣（例如不是所有的健康駭客都會量化生活），但還是有一些共通點：就連那些比較偏好「自我實驗者」或「生活方式設計師」這類標籤的人，也都具備了生活駭客的特色。他們傾向理性，喜歡制度和實驗，但面貌各有不同。

在生活駭客中，我們可以先分成極客（geek）和大師（guru）兩類。我之所以這樣區分，是因爲大多數對生活駭客的評論，都聚焦於傑出人物，尤其是費里斯身上。費里斯雖然很重要，但他並不是典型的生活駭客，而是位大師，是推銷生活方式建議的人，角色是商人——「大師」一詞未必是奉承，但我也沒有打算用它來冒犯別人。

從實用主義的角度來看，「大師」這個稱呼比勵志作家、生活教練或生活方式設計師來得更簡潔；而從分析的角度來說，它意指提供指導並深受期待的人。最近有一部關於勵志作家東尼．羅賓斯（Tony Robbins）的紀錄片，標題就叫「我不是你的大師」。但他確實是一位大師，他和費里斯都是專業的建議提供者。問題是：這些建議背後的假設是什麼？建議本身是否合理，是否物有所值？

另一方面，極客是一群熱衷於改正自己缺點、提高生活品質的人。在後面的章節裡，我們會遇到一名戀愛駭客，她分享了自己的約會試算表範本，讓其他人可以使用或做進一步修改。許多極客都會像這樣分享自己的技巧和實驗（這是他們熱情的本質），卻很少渴望或設法成爲專業作家和生活教練。

大師們確實值得仔細審視。他們希望得到大眾關注，並根據某些未說出口的假設和經濟利多，認爲其他人都應該如此採取行動。這些人確實引起了人們的注意，但背後的理論和利益同樣值得關注。即便如此，我們仍不該忘記，生活駭客是一種以分享生活中各項技巧與工具爲主的次文化。

二十一世紀的勵志新潮流

芸芸眾生中的你，只要擁有正確的態度和行動，就能躋身成功人士。至於該如何做到，只需要從四萬五千多本已出版的勵志書中挑一些來看就行了。大多數人就是這麼做的，如果把影音媒體、電視購物和個人教練算在內，這類市場總值約在五億到一百億美元之間。

生活駭客是自我成長史上最新的一頁，隨著成功的定義改變，人們給出的建議也隨之不同。我們是否仍像一八九〇年代那樣，認爲神能幫助我們成功？還是像一九三〇年代的經典勵志書一樣，只要效法那些成功致富的人就行了？或是在當今資訊過剩的世界中，採納那些占一席之地的頂尖極客所分享的祕訣？史蒂芬．史塔克（Steven Starker）在《超市裡的甲骨文：美國人對勵志書的癡迷》一書寫到，勵志書反映了它們的社會文化背景，揭示了該時代的個人需求、願望和恐懼。正如《紐約客》雜誌在一篇有關費里斯的專訪中提到，每個世代都有專屬於它的勵志大師。

生活駭客是最新的勵志典範，且兩者都是所謂「實踐哲學」的延續。與學院派的哲學不同，實踐哲學關注生活中**哪些**是有價值的，以及**如何**認知它，是生活的哲學。若說斯多噶主義和儒學是古代的實踐哲學，那麼生活駭客就是當代的。例如，你可以透過控制自己每天花在回覆電子郵件上的時間（方法），來提高工作效率（目的）。

在美國文化中，勵志是一種很普遍的實踐哲學。正如史塔克所寫的：「我認為，美國的個人主義幾乎是所有勵志素材的泉源。」他也認為，勵志/自我成長是美國機會主義、自力更生和成功決心的一種表現。一位為《紐約》雜誌撰寫文章的文化評論家指出，「自《窮理查年鑑》出版以來，勵志文化——企業家精神、實用主義、強烈的自力更生、淡薄的靈性……已深深根植於美國人的DNA中」。

雖然「勵志」這個詞首見於蘇格蘭作家塞繆爾．斯邁爾斯（Samuel Smiles）那本獲利豐厚的同名書籍（一八五九年出版），但這個詞就跟蘋果派一樣，一開始雖是從歐洲輸入的詞語，如今卻已和美國文化密不可分；而生活駭客已然成為這塊「勵志派」的一部分。

在開始新的冒險之前，吉娜．特拉帕尼出版了三本取材於生活駭客的書；費里斯編纂了五本暢銷書、經營一個受歡迎的部落格，並主持一個有大量聽衆的播客，且都是以「一週工作四小時」這個品牌進行的。另外還有六位作者出版了關於極簡主義的書籍，包括《極簡富足：我靠一百樣東西過一年》和《會留下來的一切》。

當然還有更多關於生活駭客的書籍並未得到主流讀者的青睞，但儘管它們是獨立出版或只發行電子書，在網路書店上還是有數十則評論。我甚至曾在附近雜貨店的收銀處看過一本生活駭客雜誌，也看過國家地理頻道的節目《駭客智多星》。

生活駭客是極客們勵志成長的一種延續，現已成爲主流。個人主義、務實、創業精神……等價值觀，以及克服障礙的無窮能力，都是這種精神的核心。生活駭客還加入了系統化思維、樂於實驗、喜愛科技，這些都很適合數位網路世界——一個充斥著系統和小工具的世界。

有些人可能覺得生活駭客就像勵志書一樣，很難視爲正經嚴肅的事情；各種小技巧可被視爲瑣碎小事；而生活方式的重新設計，則可以被當成《騙術》②一書的老調重彈。但這種特色正是生活駭客的魅力所在：系統化精神的背後，既接納了世俗的駭客行爲，也包含對人生更高遠的追求。

企業家保羅．布赫海特（Paul Buchheit），谷歌員工編號第二十三、Gmail的首席開發者，也是谷歌早期座右銘「不作惡」的創造者，他相信駭客是生活的「應用哲學」。他曾表示，有系統的地方，就有遭駭客入侵的可能，而到處都是系統。整個現實世界就是個有系統的系統，延伸到各個角落。

當然，並不是每個人都有駭客心態，畢竟社會需要各種不同的個性，但擁有這種心態的人，就是那些能跨越業種、統治權，甚至宗教來「改變世界」的人。對布赫海特來說，駭客行爲比電腦中那些聰明的代碼更重要，也更偉大——這是我們創造未來的方式。

布赫海特的信念具有煽動、簡化和集大成的特性，就如同許多勵志方法所採用的前提。而正如史塔克所觀察到的，這些信念很容易讓批評者表現出不屑，以搖頭、瞬間冷笑、高傲的微笑和善意的忽視爲回應。然而勵志書是我們文化結構的重要組成，它無所不在且影響深遠，以致無法忽視也不容輕忽，當然值得研究，生活駭客也是如此。

生活駭客的五十道陰影

對布赫海特來說，任何系統都受制於兩套規則：覺得事物該如何運作的感知規則，以及現實中的實際規則，這正是駭客的力量所在。他認爲，在大多數複雜系統中，這兩套規則的差距非常大。有時我們得以瞥見眞相，發現某個系統的實際規則；一旦知道實際規則，就有可能發揮「奇蹟」——做出違反感知規則的事。例如，一名電腦駭客可以利用程式正常預期行爲與現實中緩衝區溢位③之間的差距上下其手（例如針對目標電腦輸入惡意程式碼）。當然，駭客攻擊不只限於電腦。

在討論電腦駭客時，人們經常使用老電影裡的一個比喻：針對同樣的系統弱點，白帽駭客會修復它，黑帽駭客會惡意地利用它，灰帽駭客則介於兩者之間：他們可能會在未經允許的情況下進入系統，卻幾乎不會造成傷害。哈柏決定在聖誕假期結束後將智慧水壺退貨，就是種淺灰色駭客的行爲。如同里特曼和其他人發現的，想讓智慧水壺透過無線網路正常運作並不容易，因此，在沒有收據的情況下退貨雖然違反了規定，倒似乎沒那麼惡質。

但如果哈柏使用同樣的技巧，卻選擇把東西退給另一家商店，好拿到未折扣價的退費呢？這等於哈柏詐欺了第二家商店，比起當初購入的特價，他能拿到更多現金，這下子他

---

2 《騙術》（*S.H.A.M.*），一本批評「自我成長與實現運動」（Self-Help and Actualization Movement）的書籍。

3 簡單來說，緩衝區溢位（buffer overrun）就是指針對程式設計缺陷，塞入超過緩衝區所能容納的資料，破壞程式執行、趁機取得程式甚至是系統的控制權。

的帽子顏色變得更深了。

生活駭客網站〈沒收據也能退貨——幾乎所有商品都適用〉一文出現在萬聖節前的「邪惡週」主題底下。該網站的編輯們寫道，這樣的貼文雖然有點半開玩笑，卻反映出知識就是力量，至於用這種力量行善或作惡，取決於你自己。邪惡有時情有可原，甚至可以幫助你對抗邪惡：學習如何破解密碼，可以教你強化安全措施；更加了解謊言和操縱，讓你有能力看穿這類策略——或在兩害相權取其輕的情況下使用它們。

這種理由聽起來幾乎可說是權術至上，還顯露出某種技術傾向和個人主義的心態。但一件事究竟是好是壞，不僅取決於個人。要理解這一點，我們可以用另一個問題代替道德的絕對性：要到什麼程度，才能分辨一名生活駭客有害或有益？又是對誰而言？接下來，我們會經常回到這個問題。

沒有收據就退貨的駭客行爲顯然是出於對個人利益的關注，但如果哈柏把智慧水壺拿到他當初購買的商店去退、拿回與當時同樣的金額，並沒有所謂的傷害可言。只是如果每個人都使用這個方法，會變得怎樣呢？

這個問題就是康德所謂「定言令式」[④]的一個例子：只做你希望每個人都做的事。第一種情況是，把一只無法使用的智慧水壺退回原購買商店、拿到跟當初購買時同樣的金額，這是無害的；但如果每個人都這麼做，世界將因此變得更糟。這種行爲本身就帶有詐欺的意味，店家也會因此採取更加嚴格的退貨政策，反而會傷害到其他消費者。

康德的定言令式將道德考慮的範圍擴展到個人之外。我們可以問，如果一項駭客技巧是**普遍的**，也就是如果每個人都這麼做，這方法還能持續有效嗎？它**有益**嗎？這世界會因此變得更好嗎？

讓我們看看現實生活中的案例。鮑伯，萬宙商信（Verizon）的一名開發人員，被發現把自己的工作外包給一家中國公司。包括軟體開發人員在內，許多美國員工都對公司把業務發包給海外公司感到焦慮，覺得這可能導致自己遭到裁員。鮑伯也把工作外包出去，但仍保住自己的飯碗。他把兩成工資付給別人，換來每天上網看貓咪影片的日子。他把公司業務變成自己的優勢，駭進了這個系統。

我讀到鮑伯的故事時，確實感到頗有意思。他的做法很聰明，但也很不誠實且不負責任，因爲他允許外人進入公司內部系統。我理解他爲什麼遭到解雇。至於他究竟是透過利用勞動市場的現實而獲利，還是藉由採用此種策略成爲外國公司的同謀？兩者都是，這是項更黑暗的駭客技巧。

4 定言令式（categorical imperative）是康德提出的哲學概念，意指無目的性、出於道德命令所做的行為。

很顯然，鮑伯的駭客行爲是出於自身利益，也並非普遍。它之所以有用，因爲這是暗中進行的單一案例。這項行爲有可能傷害他人，鮑伯的不誠實使雇主身處風險之中；它無法通過康德的檢視，因爲我們不會希望這種不誠實的行爲是普遍的。

還有一些生活駭客技巧可能在**無意中**傷害使用者和他人。想想高生產力駭客技巧與整型手術的相似之處吧。在個人層面上，整型手術是一種能提高生活品質的自我提升法。它可能會出錯，使事情變得更糟；而且表面的強化，只能暫時緩解深層需求，形成一個不斷干預卻永遠無法獲得滿足的惡性循環。

普遍來說，我們很難斷言整型手術對所有人是好還是壞，生活駭客也是如此，尤其論及自我提升的社會涵義時，情況又會變得更加複雜。增強的動力通常是社會性的，也就是說，一旦開始推動，標準就會不斷提高，反而使得滿足感越來越遙不可及。一個人變美後，會讓其他人覺得自己更醜。

有些提高生產力的技巧相當有效：提高產能的關鍵，是排定工作的優先順序，而不是把行程表塞爆。有些技巧是行不通的：喝大量的水然後憋尿，應該可以讓你更專注，事實上卻有可能讓你更分心。而且就像某些手術一樣，有些會讓情況變得更糟，有些則永遠無法讓人滿意。塞爆行程表是一項錯誤，而且生產力再怎麼提升都永遠嫌不夠。到最後，生產力的提高反而讓每個人都被迫面對更多要求，包括生產力的再提升。

這些都是數位時代的陰影。在這個時代裡，人們進行廣泛的互動、各種設備無所不在，並有許多科學問題等待解決：此外，我們可以遠端工作、家事外包、追蹤和測試生活中的每一項指標（從心率到發送出去的電子郵件）。藉由思考鮑伯這樣的案例，我們可以確定人們認爲值得的事物中蘊含著哪些固有價值，以及這麼做的有效性及後果。

伴隨優化而來的盲點

就像電腦駭客一樣，生活駭客也分爲有用、無用和有害的幾種，而且彼此的界線頗爲模糊。探索這些界線，能讓我們更加理解新千禧年的挑戰：

在這種重視即時性和靈活度的經濟體系裡，該如何管理時間？在重視自主性與獨立性的文化中，要怎麼激勵自己？在一個物質過剩與缺乏都是問題的世界裡，應如何看待物質？在一個不確定性日益增加，且監控無處不在的時期，怎樣才能得知什麼是眞正有用的？只要使用手中的設備，便能立即連絡他人時，該如何建立眞正的連結？當我們意識到沒有任何一樣東西（即使是最聰明的駭客技巧），能將彼此從不確定和失落感中拯救出來時，該如何找到生命的意義？

在與科技有關的批評中，解決問題的方式通常是讓對立的雙方互相對抗，創造出英雄和惡棍，而非進行有效的對話。事實上，我們可以提出不執著於結論的開放式問題，藉此把事情處理得更好。以臉書對用戶幸福感的影響爲例，我們不該簡略地歸結出「臉書使人憂鬱」或「它爲憂鬱者提供社會支持」，而是應該詢問，不同的人如何以不同的方式使用臉書。同樣的，與其問生活駭客是夢想家還是邪教信徒，不如先依實踐者的類型和實踐方式來區分。

就像我在前面先區分了「極客」和「大師」兩類生活駭客，這裡我再分成「標稱」（nominal）和「最佳」（optimal）兩種駭客。當一位工程師說某樣東西爲「標稱」時，意思是指它處在某特定範圍內。比方說，用儀器測量我所使用的電源插座，如果量出來的電壓位在一一四至一二六伏特之間（一二〇伏特 ±五%），它就是標稱的。我用「標稱」而不用「正常」，因爲後者在使用上會產生許多歧義。

回到整型手術的問題，在一個多種族的世界裡，什麼樣的鼻子才叫「正常的」？在不同環境中，就會有不同標準；就算只考慮單一環境，「正常」也往往傾向於持有特權者的理想型。當隆鼻手術變得越來越普遍時，正常的鼻子會是什麼樣子？當然，把「鼻子」換成生產力或健康等詞語也是一樣的，同樣可以問：「什麼叫正常？」我們將會發現：理想模型變得越來越狹隘，因爲社會規範會影響個人的需求，反之亦然。

使用「標稱」一詞，讓我可以暫時把「正常」問題放在一邊，並與「最佳」（位於或超過前端的）區分開來。兩者的差異與意圖有關，一種是**追趕**，一種是**超越**。以游泳爲例，標稱駭客想成爲很會游泳的人，以便安全地享受在水中的樂趣，而最佳駭客則想成爲逆流而上的高手。這就像重建手術或整型手術（治療或增強）的差別，標稱駭客和最佳駭客之間的不同，可以在生活中的各個領域中看到。

我所能記得最早的生活駭客實例，是一位標稱的健康駭客：約翰・沃克（John Walker）的「駭客飲食法」。沃克創立了歐特克公司，旗下的AutoCAD是一種至今仍在使用的工程繪圖程式。一九八〇年代末期開始，沃克擔心自己的體型變差、體重超標。身爲工程師的他決定把減肥當成一個工程問題來處理。「我研究人體的方式，就像處理電子電路或電腦程式的錯誤一樣：建立一個人體運作模型、找出影響它的控制因素，再調整這些變因，使一切歸於正常。」

他的工程方法奏效了，不到一年內，在自己的指導下，沒有使用任何藥物或興奮劑，體重就從九十八公斤降到六十五公斤——標稱的。他的駭客飲食法於一九九一年首次發表在網路上，並在接下來的十五年裡，成爲許多網路使用者的首選資源。

另一方面，雷・庫茲威爾（Ray Kurzweil）則是一名最佳健康駭客。二〇一二年，谷歌聘請了這位著名的未來學家，以推進人工智慧研究。他每天服用數百種維他命和營養補充

典型人體批次流通量（公斤／天）

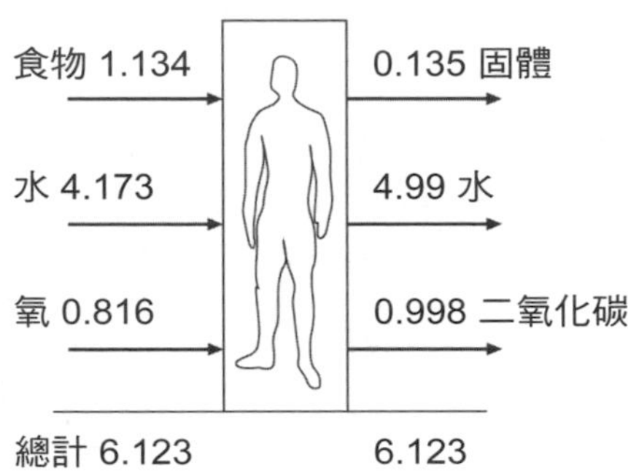

圖 1　約翰・沃克，「人類批次流通量」，《駭客飲食法》，2005 年。http://www.fourmilab.ch/hackdiet/e4/rubberbag.html.

品，而這位已七十多歲的老人認爲，這些努力使他的生理年齡減少了將近三十歲。透過改善自己的健康狀況，他希望能在幾十年後達到這樣的目標：生物的生命毋須終結，完全數位化的生活不但是可能的，甚至更可取。至於目標不那麼宏大的最佳駭客技巧，包括了增強認知功能、瘋狂的工作週，和擁有萬人迷般的誘惑力。

我想在本書中告訴大家的是，生活駭客，尤其是最佳駭客，其實與狹窄的視野有關。生活駭客就像戴上眼罩的馬，讓他們得以排除干擾，把注意力集中在個人目標上。但這也代表，當駭客們的視野固定在某一處時，他們對待自己周圍的人事物及環境的方式可能過分天眞。駭客手法越優化，他們的視野就越狹窄、鑽研得也越深。

我並不是在譴責生活駭客。生活駭客的優缺點正如硬幣的兩面：和一絲不苟的自我追蹤者一起外出用餐可能很煩，但對方消息靈通，推薦的餐廳可能很名副其實。這種洞察力也像一把雙面刃：一款安排行程的應用程式，或許能讓你在一天裡擠出更多時間，但最後卻讓你更加焦慮、壓力更大。生活駭客性格上的弱點，同時也是力量的來源，至於他們的小工具，則是有利也有弊。

如果生活駭客的優缺點就像硬幣的兩面，那麼硬幣的邊緣是什麼呢？我在這裡借用了佛教哲學中的一項分析工具：近敵。有些美德——比方說同情，往往有其顯而易見的對立面，就像仇恨，這就是所謂的遠敵。也有一些僞裝成美德的情緒，像是僞裝成同情的憐憫、僞裝成愛的依賴、僞裝成沉著的冷漠，這些就是所謂的近敵。

接下來的章節中，我將從工作、財富、健康、人際關係和生活意義等方面來界定近敵。沒有人想成爲無能或不稱職的人，但效率和效能是不一樣的；我們譴責物質主義，但講究極簡主義並不等於不受束縛的生活；沒有人喜歡生病，但不斷確認健康檢查數據本身無異於病態行爲；我們希望自己被愛，但永無止盡的查勤和性征服並不能使戀人免於疏遠；沒有比智慧更偉大的美德，但那些以智慧爲名的科技大會卻多半沒有產生什麼令人滿意的結果。

儘管生活駭客做出許多承諾，卻讓人們更覺得混淆。爲了讓一只機器茶壺爲忙碌的早晨節省幾分鐘，反而輕易抹去了一杯茶能帶來的單純喜悅。

2 生活駭客

一切都是系統

我從沒想過會在雜貨店裡看到和生活駭客有關的東西，但就在結帳櫃檯旁的雜誌架上，有一份「今年你所購買最有用的雜誌」：《生活駭客實用指南》。這本價值十五美元的雜誌中有各式各樣的文章，包括如何熱愛你的工作、二十六個家庭省錢祕訣、六十秒健身法，以及幸福家庭的祕密等，內容和旁邊的《瑪莎·史都華生活》內容沒什麼不同。長久以來，勵志或自我成長類的書報雜誌一直有其固定銷量。但生活駭客擺在糖果旁邊？這是怎麼發生的？

一九五八年的恐怖電影《幽浮魔點》中，有種來自外星的恐怖膠狀怪物會將人吞吃入腹。隨著人們一個接一個被吃掉，怪物也變得越來越大、越來越危險。就像某些評論家把熱衷於個人成長的人比做邪教成員一樣，有些人會把追求自我完善本身比做令人毛骨悚然的恐怖怪物，但我並不同意這種描述。

一篇關於「勵志出版品吞噬美國」的文章寫道，這種「追求實用性的瘟疫」已滲透並侵占了其他領域。馬修·湯瑪斯（Matt Thomas）在他關於生活駭客歷史的著作中，將這群人稱爲「技術型」和「殖民型」的自我成長狂熱信徒，貪婪地將電腦邏輯應用到所有人類活動中：「一旦它占領了一個領域，就會接著尋找另一個領域來接管。」即使是雜貨店也難逃被殖民的命運。

將生活駭客想像成在外星怪物（自我成長狂熱者）身上快速增長的腫瘤並不難。即便如此，這種形象還是無法讓我們理解生活駭客的特質——這並不是一場殖民瘟疫，而是人類某種感性的集體表現，是一種**駭客思維**。

在駭客眼中，幾乎所有東西都是系統，是模式化的、由許多部分組成、可分解與重構的系統。它由演算法控制，而這些規則可以理解、優化和顛覆。有些系統比較無聊，駭客會試著將它自動化和外包；當然也有一些新奇且需要創意的有趣系統。駭客們喜歡這些小裝置，所以就算要花好幾個小時，安裝一只新的智慧水壺仍比每天燒水泡茶有趣多了。同樣的，嘗試用奶昔代替食物，可能比做午餐更有趣。因爲生活駭客喜歡系統，而所有東西都可視爲系統，這使得他們爲生活各方面帶來驚人的熱情和樂觀。

生活駭客並沒有因爲人們被吞噬或殖民而散播出去。相反的，駭客們走到了最前線，而且現在的他們有更多機會能發揮駭客思維，設計自己的生活和我們的世界——無論是好是壞。這種思維是個人主義的、理性的、實驗性和系統化的，因此非常適合這個充滿數位系統的時代。《生活駭客實用指南》證明了生活駭客的重要性（雖然這個術語感覺像曇花一現的流行語）。爲了更深入理解駭客思維，讓我們來看看某些人的故事：他們對生活駭客的出現有莫大貢獻，不但創造了這個詞彙、推廣這種行爲、將其納入主流，並親身驗證這種生存之道。

有沒有辦法幫助其他人這麼做？

二〇〇四年二月，作家暨數位行動主義者丹尼．奧布蘭恩，是聚集在聖地牙哥參加歐萊禮新興科技研討會的衆多科技愛好者之一。但比起這些新科技，奧布蘭恩眞正有興趣的其實是專家的習慣。他曾提到，「頂尖極客」的產能是非常高的，他想了解這些人究竟有何祕訣，於是請與會者分享他們所使用的小腳本、採用的習慣和爲了度過一天所用的小技巧。看到這些人從駭客技巧中獲益，奧布蘭恩不禁想知道：「我們有沒有辦法幫助其他人這麼做？」

奧布蘭恩將駭客方法定義爲「用眞正簡單、不明顯的修復方法，拆解看起來很複雜的系統」。這個定義相當符合這個詞的起源，也就是前面所提到、來自一九五〇年代麻省理工學院鐵路技術模型俱樂部的故事。正如史蒂芬．列維（Steven Levy）在有關電腦駭客歷史的文章中所寫的：「這些人著迷於系統的運作方式、日益發展的複雜性、任何改變對其他部位的影響，以及如何對各部分之間的關係做最恰當的安排。」

到了一九五九年，這個俱樂部已經發展出非常多術語，多到出了一本詞典，當中將駭客定義爲「避開標準解決方案的人」。這種理解和修補系統的偏好（多半透過非傳統方法）

一直持續到今天，而駭客行爲也通常需要扭轉或破壞原本的規則和期望。

生活駭客誕生於軟體工程師與作家的交會之中，也算是某種創意階層。這兩種職業有個共通點：業主會根據寫出的行數或字數來評估工作人員。這兩種工作也需要一定程度的自律，尤其生活中有這麼多數位干擾，讓人很難集中精神編寫程式碼或文章。到了二〇〇四年，隨著網路經濟的復甦和報紙的衰落，工程師和作家越來越趨向獨立接案，而非在大公司和報社工作。幾乎每一項應用程式的開發者都必須同時扮演企業經營者的角色；同樣的，作家也越來越常扮演《經濟學人》所謂「作家創業者」的角色：他們必須是自己的公關、在暢銷書排行榜上競爭，並進行巡迴座談。今天，他們還必須經營粉絲團、做播客。

柯利．多克托羅（Cory Doctorow）也出席了歐萊禮新興科技研討會，而且相當符合作家創業者的定義。就像奧布蘭恩一樣，多克托羅在電子前鋒基金會工作，這是一家總部設於舊金山的非營利人權組織。他同時也是知名網站「波音波音」的長期撰稿人，還是一位成功的科幻小說作家，經常在創用CC授權[5]的規範下出版作品，讓讀者可以自由閱讀和複

---

5 創用CC授權（Creative Commons license）是一種公共著作權授權條款，允許使用者在特定條件下分享、使用，甚至再創作受著作權保護的作品（例如限定非商業用途）。

製他的書。

套用科技出版商兼會議召集人提姆．歐萊禮（Tim O'Reilly）的話，多克托羅讓讀者能免費取得書籍，「因爲問題不在於盜版，而是沒人注意……免費電子書可以促進紙本書的銷售」。多克托羅甚至早在二〇〇三年出版第一部小說時，就已經開始運用這項邏輯。這本書的主角生活在一個可以自由取用必需品的世界裡。在這個世界裡，人們最重要的設定是「聲望值」（whuffie），也就是透過植入大腦的晶片追蹤與讀取社會聲譽的即時測量值。在這樣的世界裡，聲望值決定了相對優先順序——比如說，誰能在擁擠的餐廳裡先入座，而且所有人都能立即看到。

多克托羅是作家創業者的典範，透過波音波音網站、小說寫作、行動主義，還有舊金山灣區的連絡人（即使他出生在加拿大，但他後來離開舊金山去了倫敦，然後又到洛杉磯），建立起一大批追蹤者；而他也是生活駭客的早期推動者。此外，多克托羅不但是二〇〇四年新興科技研討會的委員會成員，後來還公布他在會議中的筆記。同年六月，當奧布蘭恩和多克托羅在倫敦參加另一個研討會時，多克托羅再次記下關於生活駭客的討論，並將它們發布在波音波音網站。多克托羅向網站的讀者（包括我）介紹了生活駭客，也同時把他的聲望值借給最早討論這個主題的部落格之一。

用資料夾和流程圖搞定一切

二〇〇四年九月，身兼獨立作家、演講者和廣播員的梅林．曼恩開設了「四十三個資料夾」部落格。在此之前，他曾當過網頁工程師、專案經理、服務生、法庭展覽設計師，以及「熱情但不賺錢的獨立搖滾音樂家」。而在過去十年裡，曼恩所做的事大多是在舊金山西部約三分之一的區域裡和一部 MacBook 前完成的。曼恩的折衷主義、對蘋果產品和對灣區的喜愛，都是早期生活駭客的共同點。

「四十三個資料夾」這個名稱源自一種提醒人們完成待辦事項的紙本記事方式：透過十二個月的月記事和每月三十一天日記事，共計四十三個資料夾。大衛．艾倫（David Allen）在二〇〇一年出版的《搞定！》一書中描述了這種非數位化的老派方法；同時，這本書也成爲許多生活駭客的靈感來源。在聖地牙哥的第一次生活駭客研討會中，多克托羅將《搞定！》列爲給生活駭客新手的首選推薦讀物。曼恩一看到多克托羅的筆記，「我就知道自己找到同類了。當時我已經實踐書中所提到的方法好幾個月，並立即發現許多共同點」。

艾倫在《搞定！》一書提出了一套系統，將占據腦中的未完成任務抓出來處理：它們

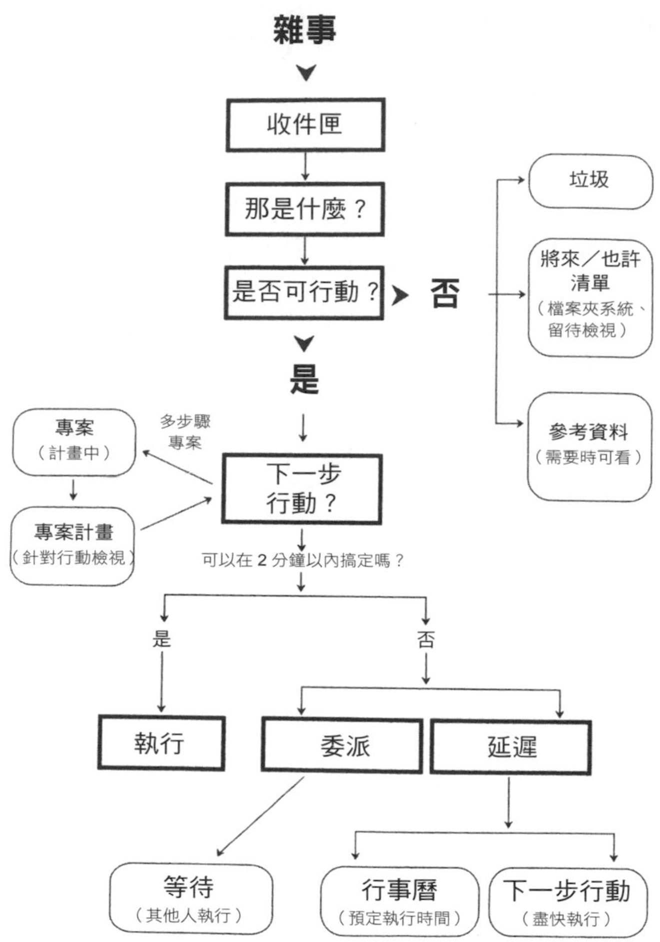

圖 2 工作處理流程圖，大衛．艾倫（David Allen），《搞定！：工作效率大師教你，事情再多照樣做好的搞定五步驟》。

會經過排序、迅速分類（完成或丟棄）或規畫，並實際執行。這使得人們得以透過演算法來減輕壓力。

如果說，二〇〇四年因奧布蘭恩發明的新名詞而將生活駭客浪潮推向巔峰，那麼艾倫於二〇〇一年出版的這本書，就是這股浪潮的推動力。這本書在奧布蘭恩的第一次生活駭客會議中廣受討論和推薦，並爲曼恩「四十三個資料夾」的命名與大部分內容帶來啓發。儘管艾倫從未提過駭客一詞，但他確實談到了技巧：「我所知道那些表現最好的人，都是在生活中安裝了最佳技巧的人。」

就像電腦一樣，人也可以輸入並安裝技術，因此《搞定！》所提及的這套工作流程（下文簡稱「搞定五步驟」），就是在處理「生活中接收到的所有『輸入』訊息」，這樣你的大腦就能得到釋放，不必時時擔心這些資訊。

艾倫後來提到，極客是他這套系統的早期使用者，因爲他們喜歡一致且封閉的系統，而這正是它所代表的。曼恩同意這說法，並提出搞定五步驟受到極客歡迎的八個原因，其中之一是極客喜歡評估、分類和定義他們世界裡的各種東西，生活駭客實際上只是搞定五步驟的一個超集合⑥。

在四十三個資料夾網站中，曼恩最受歡迎的一些早期貼文包括〈用搞定五步驟開始做事〉〈時髦個人備忘本介紹〉（使用索引卡和長尾夾）和〈突破寫作障礙〉。二〇〇八年，曼恩寫道：「正是柯利．多克托羅無比慷慨的連結和鼓勵，讓我這個破爛的小網站能步上正軌……我對柯利懷著最深切的感謝，因爲他運用自己極高的聲望値，幾乎光靠他一個人就捧紅了『四十三個資料夾』。」

二〇〇五年，曼恩與奧布蘭恩一起研究逐漸興起的生活駭客現象，但並沒有維持多久時間。他們在二〇〇五年的新興科技研討會上共同主持了一場生活駭客會議，並一同爲歐萊禮的新雜誌《製作》（*Make*）撰寫生活駭客專欄，還計畫以歐萊禮的駭客系列爲主題寫一本書（提姆．歐萊禮的出版品和研討會是早期電腦駭客們的重要聚集地，他也同樣很鼓勵年輕的製造者和生活駭客社群）。

諷刺的是，奧布蘭恩和曼恩從未完成任何關於生活駭客的書籍。

奧布蘭恩的注意力轉向數位行動主義，並帶著溫和的懊惱看待自己早年的駭客活動。在二〇一〇年的一次採訪中，他承認自己可被視爲「缺席的生活駭客之父」，因爲「我是如此沉迷於系統……那些方法我全都試過了，結果都沒用」。他也明白沒能和曼恩合作把書寫出來的諷刺意味所在：他在電子前鋒基金會的個人簡介中寫道，自從受託寫一本關於戰勝拖延症的書至今，已將近十年了。

至於曼恩，在推出四十三個資料夾的四年後，他對生活駭客類部落格流於膚淺，以及把生產力當成個人迷戀或愛好表達了不滿。接下來的一年，他宣布自己簽了一份合約，要寫一本關於「收件匣歸零」的書，內容是關於不留情地清空收件匣的想法。然而，他關於四十三個資料夾的貼文卻在走下坡，這本書也是，一直沒有出版。

在二〇一一年四月一篇閒聊式的文章中，他坦承：「我的出版經紀人說，如果我今天不寄一點讓她滿意的東西，她可能會取消我的出版合約。那就是今晚。現在。所以理論上來說，我想……呃……就是這個了。」顯然，「這個」並沒有讓她滿意，而曼恩最後一次在四十三個資料夾發表文章是二〇一一年十月的事。

和奧布蘭恩一樣，曼恩也把自己與生活駭客的關係形容為混亂不安：「我做這些事不是因為我很棒，而是因為我很糟糕。我有時會形容自己感覺就像祭壇上的酒鬼，如果自己不到那裡去、不跟別人談談、不跟別人分享對自己有用的東西，我可能就會再次酗酒。」今天，曼恩依然略懂許多創意技巧，雖然他已不再更新四十三個資料夾，卻仍持續寫作，並以生產力顧問的身分提供服務。除此之外，他大部分的時間都花在為極客播客撰稿。

生活駭客的衣缽需要有其他人來承接。

6 如果一個集合 A 不但含有另一個集合 B 的所有元素，還包括 B 沒有的元素，就可稱 A 為 B 的超集合（superset）。

生活駭客的理性風格

寫第一本生活駭客書的任務，落在了吉娜·特拉帕尼身上——她過去也住在加州，不過現在住在布魯克林。她把自己描述爲「（軟體）開發者、創辦人和作家」，完全符合作家創業者的模式，而她在二〇〇五年一月創辦了「生活駭客」網站。

特拉帕尼回憶說，網站的想法是在二〇〇四年末醞釀出來的，來自於當年稍早丹尼·奧布蘭恩帶出的想法。她看到了多克托羅在波音波音的文章，所以「如果沒有丹尼和梅林，就不會有『生活駭客』。我對他們抱著深刻的感謝，因爲他們清晰地表達了一個概念，而我的寫作生涯就是由這此開始發展的」。

很快的，「生活駭客」成爲最受歡迎、最成功的生活駭客技巧提供者。它早期的文章比四十三個資料夾更多樣化，包括了洗碗技巧、搖籃曲和 Windows 鍵盤快捷鍵——這些都不是以 Mac 爲中心的曼恩會接觸的內容。根據部落格的材料，特拉帕尼在二〇〇六年、二〇〇八年和二〇一一年，各出版了一本書。

就像四十三個資料夾一樣，生活駭客網站早期的主題之一就是搞定五步驟。特拉帕尼很喜歡艾倫關於小技巧的概念。她的第一本書名爲《生活駭客：八十八種科技小竅門，讓你的一天活力加倍》；而在最後一本書的開頭，她引用了艾倫致敬「那些爲生活安裝了最佳技巧的人」的話語。二〇〇九年，她把網站的編輯工作交給另一位合作者，自己則重新創業，開始寫程式，而不是文章。

特拉帕尼受到生活駭客的吸引，是因爲她看待生活的方式是非常系統化的。電腦程式讓一些事情自動化，而她這樣觀察生活駭客：「有點像是重新設計執行任務的方式，讓事情做得更快、更有效率。」當你找到某個優化程式時，與他人分享是很理所當然的，這樣其他人也能從中獲益，體驗他人已試驗過的系統。

這種系統導向思維，就是生活駭客精神的核心，正如特拉帕尼的解釋：「有技術頭腦的人非常專注於分析並理解這個世界，讓事物變得系統化、有條理。」關於這個說法，確實有一些證據可以證明。

心理學家所謂的**認知類型**，意指每個人接受和處理資料的方式，是一種持久的個人特質，並表現在思考和行爲模式中。人們經常討論的認知類型有兩種：**系統型**（比例的／分析的）和**直覺型**（聯想的／經驗的）。直覺型思考傾向於規模較大、較整體的觀點，仰賴直覺、感官和背景脈絡的綜合考量；系統型思考則是尋找事情之中的模式和運用規則。

對於喜歡數獨的人來說，這個遊戲有部分樂趣來自於辨別該謎題的內在邏輯和模式。在數獨迷之間，有些模式甚至還有便於記憶的稱呼，比如「二鏈列」「遠距數對」或「可避免矩形」。但對新手來說，這些模式是未知的，只是試圖浮上意識、且難以捉摸的大腦刺激。不意外的，一項研究發現，在數獨新玩家中，系統型認知者會隨著經驗而進步，和直覺型認知者不同。另外兩項研究也發現系統／理性認知者與資訊科系學生及駭客之間的關連。

在生活駭客中，甚至有不少人鼓吹這種思考模式。我在了解動機和健康駭客時，追蹤了線上論壇「少錯一點」，這是一個討論精進人類理性藝術的社群。透過這個論壇，我知道了理性應用中心，它是位在灣區的一個小型非營利組織，會舉辦一些有關認知偏誤的工作坊，好讓人們可以開始「修補人類思維的問題」（這裡的「修補」意指修復程式漏洞）。甚至還有一本書，名爲《決斷的演算：預測、分析與好決定的十一堂邏輯課》，提倡用電腦科學家思考和面對挑戰的方式，來處理個人與社會問題。

這種系統型思考與性別或自閉症其實是有些相關的。在一九九三年《連線》（*Wired*）雜誌的一篇文章中，作家史提夫．希伯曼（Steve Silberman）將自閉症描述爲「極客症候群」。由於有部分自閉症來自遺傳，因此希伯曼提出了一個問題：如果許多極客集中在某個地區（例如矽谷），是否代表他們的聰明基因會在後代身上會變得弱化。隨後，一位有爭議的研究人員提出結論，認爲自閉症是男性大腦過度系統化的表現。

極客症候群是個爭議性很高的假說，無論對研究人員和社會大衆來說都是如此。它與性別差異/本質主義、認知差異/殘疾、身分/文化等爭論議題交織在一起。二〇一六年，希伯曼在《自閉群像：我們如何從治療異數，走到接納多元》一書中再次提及這個話題。希伯曼描述了自閉症的診斷和治療史、與早期極客文化的關連、如何出現在大眾意識中，以及父母和自閉症宣傳的興起。從他在《連線》所寫的文章到《自閉群像》，這二十三年內，希伯曼意識到，極客症候群比他最初設想的複雜很多。

接下來，我會回到勵志文化如何被性別化，但就目前而言，很明顯的，系統型思考是生活駭客的核心，對那位成功推廣它的女性來說，更是如此。對特拉帕尼而言，生活駭客技巧是「在日常中完成某件事的系統化方法，無論在你的電腦……還是摺襪子」。

拆解系統，設計自己的生活

雖然「生活駭客」依然是最有影響力的網站，每月瀏覽人次都超過一百萬，但還有幾十個這類網站存在。根據主題內容網站「AllTop」所列出近期出自生活駭客類網站的八十篇文章，它們分別來自「禪習慣」「優化人生」和「家庭生活極簡主義」等部落格。它們大多是由個人管理，且為創辦者的斜槓。諷刺的是，那些以生活駭客為本業，並引領其發展的人，反而不常使用這個詞。

提摩西．費里斯是《紐約時報》幾部暢銷書的作者、投資人（包括優步、臉書和推特等）、知名部落格和播客的建立者，也經常被列入年度創新和影響力人物榜單。他並不會說自己是作家和企業家的結合體，而是喜歡列出別人對他的形容。例如他在個人網頁的「關於我」就寫著：「《新聞週刊》稱他為『世上最棒的小白鼠』，他認為這是一種恭維。」

我並沒有在《新聞週刊》裡找到這樣的描述，不過其中一篇書評確實提到：「費里斯願意做小白鼠，並產生了一些有趣的結果。」同樣的，費里斯經常引用《紐約時報》的話，說他是知名企業家傑克．威爾許（Jack Welch）和佛教僧侶的結合體。這似乎來自二〇一一年的一篇人物特寫。在那篇文章裡，費里斯被描述為「把自己定位在傑克．威爾許和佛教僧侶之間」。很顯然的，他除了是作家、實驗主義者和企業家，也有自我推銷的本領。

他的處女作《一週工作四小時》使他一舉成名。在這本書中，他對那些不再夢想找到理想工作或過退休生活的人喊話。費里斯認為，只要活得聰明一點，讀者現在就可以享受生活。所謂的「一週工作四小時」，目的是為了擺脫朝九晚五的生活、住在想住的地方、晉升為新富族，並自由支配時間，讓收入自動化。而這些期望之所以能夠實現，則是透過減少單調的工作、把效率最大化。

騰出時間的方法之一，就是根據個人狀況將工作外包。如果企業可以把部分業務外包，爲什麼個人不能？費里斯寫道：「成爲新富族的一員，不光是要工作得更聰明，更是要建立一個系統來取代自己。」這樣的系統包括建立一個不需要親力親爲的事業，並將任務外包給「虛擬助理」，例如僱用菲律賓和印度人，費用便宜到每小時只要幾美元。

在談到外包的章節裡，費里斯所寫的大部分內容，都可說是A．J．賈各布斯（A. J. Jacobs）在《君子》雜誌中相關主題文章的再現。這也還滿符合主旨的，因爲費里斯把關於外包的寫作工作外包出去了。這種狀況在費里斯的書中很常見，書的內容都是他自己的經歷、推薦、資源清單、訪談和其他摘錄的集結。

把苦差事丟出去後，費里斯繼續指導讀者如何有效執行他們想做的事情。這個方法是將一項活動**拆解**成數個關鍵步驟，接著**選擇**重要步驟，將它們依最佳順序**排列**，並建立**利害關係**以增加責任和動力。他在書中就提到自己如何利用這種方法贏得了一九九九年的美國踢拳道（或稱自由搏擊）錦標賽冠軍。

他在秤重前努力讓自己脫水，在十八小時內就減掉了近十三公斤，讓他得以參加較輕量的比賽；還利用了一項技術性規定：選手只要跨出擂臺三次，就會被取消資格。在重新補充水分後，他利用體重把比自己低三個級別的「可憐小傢伙們」推出擂臺。

書中寫道，他在比賽中的所有賽程都是藉由技術性淘汰而獲勝的，不過這樣利用規則也惹惱了裁判。費里斯致力成爲冠軍，他拆解了比賽（尤其是取消資格的部分），選擇並重新排列了水分進出的順序。他把這一招用在所有工作上，包括二〇一五年爲期一季（十三集）的電視節目《提摩西·費里斯實驗秀》（*The Tim Ferriss Experiment*）。在這個節目中，他試著快速學會吉他、把妹、賽車、柔術、跑酷[7]和撲克。

如前面所說的，要成爲一名成功的作家創業者，你必須自我宣傳。在這方面，費里斯可謂箇中翹楚。當《連線》雜誌請讀者投票選出二〇〇八年最強的自我推銷者時，費里斯的粉絲讓他以壓倒性的優勢獲勝。在《紐約客》對費里斯的簡介中，一位專業公關人員稱讚他是「我所知最聰明的自我推銷者」。不過在幾年後的一次採訪中，費里斯表示並不同意這種描述，他認爲自己的魔術師朋友大衛·布萊恩（David Blaine）更優秀，但仍然把這些話當成一種恭維。

有個絕佳的例子可以說明費里斯精明的自我推銷，就是關於他如何決定處女作書名和封面設計的軼事。費里斯爲他想到的六個書名都建立了谷歌關鍵字廣告，其中包括「寬頻與白沙」和「百萬富翁變色龍」。接著設定相關搜尋，這樣當人們尋找「退休儲蓄計畫」或「語言學習」時，其中一個書名就會出現在搜尋結果裡。

經過一個星期，花費不到兩百美元，谷歌告訴他，「一週工作四小時」是大多數用戶點擊的標題。在科技含量較低的另一方面，他印出了幾款封面，把它們放在附近一家書店的非文學類書架上，他則坐在旁邊，觀察哪些封面最引人注目。這則軼事顯示出他的大膽，而包括多克托羅爲波音波音所寫的文章在內，別人講述這則故事本身，就是一種宣傳。

費里斯展現了美國勵志大師的機會主義、自力更生和決心——儘管他稱之爲「生活方式設計」。例如，他說自己會寫下《一週工作四小時》，是由於他經營一項能強化腦力、提高表現的營養補充品生意，卻反而導致神經崩潰，是絕望中產生的靈感。儘管如此，《一週工作四小時》這項提案仍遭到幾十家出版社拒絕。但他堅持不懈，最後以「一週工作四小時」爲系列出版了三本暢銷書。可惜第三本《廚藝解構聖經》的反應讓人非常失望。美國最大的連鎖零售書店巴諾書店拒絕上架這本書，因爲它是由亞馬遜出版的。

這次失敗爲費里斯的下一次成功奠定了基礎，那就是休息一下，嘗試做播客。現在，他透過播客所觸及的人比寫書還多。費里斯運用了美國人對勵志故事的喜愛，就算他自己的故事還沒有說完，也會從別人那裡尋找這類題材。他最喜歡問成功人士的一個問題是：「某次失敗對你後來的成功有什麼影響？」

費里斯體現了美國式的勵志價值觀，尤其是對成功的追求。然而，他和這一章所提到

---

7 跑酷（parkour）是一種城市運動，玩家將城市當成大型訓練場，並將矮牆、欄杆、屋頂視為障礙訓練物，要運用自己的肢體流暢地跨越障礙。

的其他生活駭客不同。他不是電腦極客，也很樂意承認自己在技術方面的不足，這種特質反倒促成了他在主流社會中的成功。後面的章節將談到約會駭客，而我們還會看到這項特質：他並沒有爲問題編寫解決方案，而是把它外包出去。當其他人開發能操控交友網站配對結果的程式，或製作計算浪漫潛力度的試算表時，他單純地把選擇和安排約會的任務委派給海外團隊。費里斯和本書中的其他人一樣著迷於實驗和系統，而且他可以向非科技屬性的觀衆談論這些主題。

遊牧者與超人

二〇一三年九月，一位稍有知名度的極客泰南（Tynan）宣布：「我和朋友們買了一座島。」他說，他一直希望能買下一座島，原因在於一座島就像自己的小國家，可以完全掌控範圍內的一切。可惜的是，便宜的島嶼都位於偏僻不便的地方，比較近的島嶼則貴得離譜。因此，這個想法一直只是夢想，直到一位朋友寄了一份加拿大東部島嶼的銷售清單給他，他發現其中許多島不但便宜，而且離城市也近。

泰南發表這篇文章後不久，媒體網站「高克」上的一篇文章說，他的成就實現了「全世界自由主義極客最美好的幻想」。這項消息也是科技和創業網站「駭客新聞」和 Reddit 上的熱門話題——Reddit 裡有個論壇，專門討論如何建設一座自給自足的島嶼。這篇文章的作者總結道：「既然泰南和他的團隊成功買下了一座島，而 Reddit 的鄉民們並沒有做到，那麼說泰南正式成爲了科技極客之王，也算合情合理。」

我是不至於給泰南貼上「科技極客之王」的標籤啦，但他確實是生活駭客的典範，幾乎涉及我在本書中提到的所有領域。我這種說法很大膽，因爲很多生活駭客都完全符合定義：精通科技、熱愛旅行、在生活中追求不尋常的成功之道。即便如此，還是有一篇簡短傳記能印證我的說法。

像許多生活駭客一樣，泰南並沒有認眞求學。高中時的他總有很多値得分心的事，以至於沒有全心對待學業，這種態度一直持續到大學。二〇〇〇年，大二的泰南決定休學，去追求另一條通往財富、友誼和愛情的道路：他開始賭博，並加入了一群將這種誘惑系統化的年輕人。

泰南這群線上同伴所從事的活動，就是利用賭場的弱點。比方說，賭場有時會提供限量促銷活動，給玩家一點甜頭，例如吃角子老虎機的一%熟客計畫。泰南和同伴會集中資源，大規模地盡可能榨取所有利潤。在泰恩經營這樁生意的鼎盛時期，他租了一間辦公室、僱用員工、記帳，甚至還繳稅，他每星期只要工作十到二十個小時，就能輕鬆賺到錢。一個才二十幾歲的年輕人，卻已有了一幢漂亮的房子、一只勞力士手表，和一輛賓士 S600。

直到二〇〇六年，他們的計謀曝光、資金遭到沒收，一切才宣告結束。就算這麼做是合法的，賭場和銀行也不喜歡賭徒這樣操作帳戶和金錢。泰恩損失了數十萬美元，卻出奇地平靜地接受了結果。因爲他發現，儘管獲利高到令人難以置信，但他已不再樂在其中；同時也發現，雖然自己喜歡錢，但他不需要追逐它。相反的，他希望能專注在其他目標，成爲一名徹底的多階段者（所謂的「多階段」，就像把單次長時期的睡眠分成多次短時間的小睡），爲瘦弱的身軀增加幾磅肌肉、成爲有名的饒舌歌手、找到一個或好幾個很棒的女孩，並與她們約會。

「想與美好女性約會」這項目標，是身爲「好萊塢計畫」一員的泰南，之所以聲名遠播的主要原因。尼爾．史特勞斯（Neil Strauss）在二〇〇五年的暢銷書《把妹達人》中，描述了一群住在豪宅裡的把妹達人，如何將他們的誘惑理論付諸實行——這便是好萊塢計畫的主要內容，且這幢宅邸曾爲影歌視三棲、與法蘭克辛納屈齊名的藝人狄恩．馬丁（Dean Martin）所有。值得一提的是，史特勞斯也是費里斯的朋友，還曾出現在他的播客和電視節目中。在這本充滿戲劇性的書中，泰南被稱爲「草藥」（Herbal），這是他的饒舌藝名。

在好萊塢計畫失敗後，泰南把注意力轉向如何盡可能把生活中的阻礙降到最低、環遊世界，並把一切經歷寫下來。他賣掉了房子和賓士車，追求遊牧生活（這是他在亞馬遜所出版其中一本書的書名）。在他成年後的大部分時間裡，他主要的「基地」是舊金山的一輛露營車（這也是另一本書《最小的豪宅》的主題）。想獨處時，他會選擇便宜的郵輪行程，因爲淡季的來回票不但比較便宜，食物和設施也都是免費的。在那裡，泰南可以專注於工作：以個人出版的方式發行自己寫的勵志書、開發部落格平臺。最近，他開發了一個叫「郵輪情報」的網站，能幫助其他人找到便宜的郵輪行程。此外，他偶爾還是會玩撲克，這表示郵輪上有很多實力較弱的玩家會輸錢。

儘管泰南喜歡獨處，但人際關係是他許多計畫的關鍵，從賭博、把妹，到購買一座島嶼（交朋友也是他《超人社交技巧》一書的主題）。泰南發現，與坐辦公室的工作相比，現在的生活方式好多了：家當少、頻繁旅行、工作專注、結交世界各地的朋友。過去仍以露營車爲主要基地時，他曾寫道：「老實說，自己比較喜歡這樣。我的意思是，也許別人會覺得我很像遊民，不僅住在加油站，還睡在露營車上。但我寧願當合法的遊民，也不願做那種年薪十萬美元的顧問或類似的可怕工作。」這種生活方式意味著他沒有什麼義務：「眞的很自由，你眞的可以做自己想做的事。」

駭客精神影響了泰南生活所有層面。他充滿熱情：「如果某件事看起來好到令人難以置信，那就放下一切去試看看。」他運用各種系統，無論是賺錢、把妹，或是智慧家居。在他位於拉斯維加斯最完整的基地中，早上由智慧手機叫醒他，窗簾則會自動拉開；刷牙時，當天的行程會顯示在嵌入鏡中的四十吋液晶顯示螢幕上。他的房子會自我保護、清潔、加熱或冷卻。他的好幾本書名稱中都有「超人」一詞，因為正如他所說的：「一般而言，只要設置許多簡單的系統，你看起來就能像個超級人類。」安裝需要花一番功夫，不過一旦做好了，它們就會替你節省時間、金錢和注意力。熟悉這些系統，表示泰南活出了某個版本的男性幻想：迷人的女孩、高報酬的工作和環球旅行。

雖然這裡提到的其他例子與生活駭客的起源有更密切的關係（奧布蘭恩創造了這個名詞、曼恩和多克托羅讓它變得流行、特拉帕尼讓它商業化，費里斯則讓它成為主流），但泰南比任何人都能代表這個詞彙。這些生活駭客與成千上萬的其他人，都有一種個人主義、理性、系統化和實驗精神。儘管這種勵志風潮看起來或許就像在外星怪物身上快速增長的腫瘤，但它是數位時代裡個人特質的積極表現。這並不意味著生活會就此變得輕鬆，也不表示這些方法總是有用。畢竟，雖然奧布蘭恩認為駭客技巧能提高生產力，但他自己那本關於拖延症的書一直都沒寫完。

3 時間駭客

睡得更少，做得更好？

二〇一六年春天，廣播節目和播客「蘋果橘子經濟學」在「自我成長月」的尾聲，邀請提摩西．費里斯爲特別來賓，因爲他的整個生活和職業就是一大堆勵志故事。主持人最後向費里斯提出了一個假設性的問題：「如果你有一部時間機器，你想去哪個時代，爲什麼？」

在免除了刺殺古代暴君的義務後，費里斯說他想和富蘭克林喝一杯。費里斯欣賞他的熱情、在許多領域的貢獻，以及「有點像快樂的惡作劇者，又有點像表演家」的性格。

富蘭克林和費里斯確實有很多共同點。他們都是勵志書的作者，富蘭克林寫了《窮理查年鑑》，費里斯不但寫了書和部落格，還做播客。費里斯甚至把自己與效率、健康和學習有關的書，拿來與富蘭克林最渴望的三種特質——健康、富有、明智相比。有些人認爲，富蘭克林是第一位講求科學的美國人，他對周圍的世界進行探索和測試；費里斯則認爲自己是小白鼠，對自己的身體和能力感到好奇，並進行實驗。兩人都非常關注生產力和時間，富蘭克林以安排一天裡的每一個小時聞名，畢竟「時間就是金錢」；費里斯則以將苦差事限制在一週四小時而聲名大噪。

富蘭克林和費里斯同樣廣受批評，兩人都因愛出風頭而受到指責。在巴黎，正是富蘭克林的魅力，招來了英國大使的侮辱，和美國同事約翰．亞當斯對他的蔑視。即使英國人是爲了政治宣傳，而亞當斯本身就是個好妒的衛道人士，但他們的批評仍然本於事實。費里斯的愛現也一直是人們抱怨的主題。一位企業家曾寫過一篇文章，名爲〈討厭提摩西．費里斯多年後，我從中學到的五項時間管理技巧〉，將費里斯早期的努力描述爲咄咄逼人、無用的垃圾內容和使人們變得疏離。

其他評論家還抱怨富蘭克林和費里斯的生產力。《湯姆歷險記》的作者馬克．吐溫直指富蘭克林的格言爲年輕人帶來痛苦。馬克．吐溫的報復，就是創造自己的格言，並開玩笑地將它獻給富蘭克林，只是爲了讓人們產生混淆：「永遠不要把你後天再做也沒關係的事情拖到明天。」同樣的，一位評論家問道，費里斯的「成就意識形態」是否只是個滑稽而可悲的自我欺騙框架，以及對眞實生活的轉移？

本質上來說，從富蘭克林的工作倫理，和費里斯將工作限制在每週最多四小時的能力裡，學者們看到的是特權。富蘭克林是個多產的人，但他很少想到妻子黛博拉付出了多少，才讓他能過著成就豐盛的生活；更何況，他還能把很多苦差事交給傭人——在成爲廢奴主義者之前。同樣的，費里斯的確在每週四小時的限制內完成了很多工作，但這是透過外包給虛擬助理而達成的。

富蘭克林和費里斯是幾個世紀以來努力獲得自我成長的集大成者，他們是典型的美國男性。富蘭克林是美國殖民地的代表，費里斯則是矽谷代表。他們還提供了一個出發點，讓我們思考生活駭客對時間的執著，以及當他們試圖充分發揮時間的最大效益時，究竟視什麼東西爲理所當然。

節省誰的時間？

歷史學家E・P・湯普森（E. P. Thompson）認爲，我們可以依工作導向把歐洲歷史分爲兩類：任務導向和時間導向。在任務導向的模式中，人們按照一天的時間週期完成相應的生活事務。早上，農夫放山羊去吃草，然後擠牛奶。等到一天結束時，雞就要回到窩裡。時間不是一種可以花費或節省的東西，工作和生活之間也沒有什麼界線。

時間導向是隨著工業發展而出現的，此時的工作是零碎的，是某項大工程的其中一部分。工作要仰賴其他人的同步勞動，時鐘則讓分散式市場的協調變得可能——早上織好的布，透過下午出發的火車運送出去。湯普森注意到，協調的必要性很快造就了「節省時間」的意識形態：「嚴格的時間準則和工業資本主義的便利結合在一起，改變了人們對時間價值的概念，甚至當孩子還在襁褓時，就已在學習如何讓每分每秒更加閃亮。時間就是金錢，這項等式充斥在人們的腦中。」對那些習慣看著時間工作的人來說，以前的任務導向似乎是一種浪費，且缺乏緊張感。

二十世紀初，「科學管理」的創始人費德烈克．泰勒（Frederick Taylor）、法蘭克與莉莉安．吉爾博斯夫婦（Frank and Lillian Gilbreth）就是這樣的人。泰勒認為，在專家協助下，管理者應該借助碼表來提升工人的效率。他最著名的是優化工人搬運生鐵的程序，使他們的產量變成原本的三倍——儘管歷史學家對其方法的精確性及陳述的真實性提出質疑。

另外，吉爾博斯家的人以時間和動作研究著稱。在他們的一部影片中（可在網路上看到），一名使用雷明登打字機的打字員在一部運轉中的精密時鐘旁工作。在法蘭克．吉爾博斯的指導下，打字員成功提升了打字技術，並代表雇主贏得了一場打字比賽。這樣的示範，讓泰勒和吉爾博斯家的人在管理與其他階層中，都贏得了一定的影響力，即使這些階層之間存在著不和。吉爾博斯這個高效率家庭甚至成了暢銷書《十二個孩子的老爹商學院》和《美女不得閒》的素材，由吉爾博斯家十二個孩子中的其中兩位合著。

雖然法蘭克．吉爾博斯指導過世界上打字最快的人，但他對 QWERTY 鍵盤⑧的局限性感到挫折。明明使用上很沒有效率，卻一直沿用下來。這種鍵盤設計的初衷，是為了防止早期機器的按鍵卡住，而不是為了增加打字者的舒適度和速度。吉爾博斯提出了一種改良型

8　標準鍵盤左上角的排列依序為 Q、W、E、R、T、Y，故稱之。

鍵盤，而他的建議最後也激發了奧古斯特．德沃夏克（August Dvorak）的靈感，於一九三六年設計出簡化鍵盤。

使用德沃夏克鍵盤，可以很輕易地輸入最常用的字母和序列（因爲最常用的字母鍵都放在食指所在的始位處附近）。據我所知，會使用這種鍵盤的都是駭客型的人，包括泰南和馬特．穆倫維格（Matt Mullenweg）——架站軟體 WordPress 的創始人與執行長。

今天的創意階層已遠遠超出工業資本主義所要求的同步性。沒錯，大家仍然有時程表和截止日期，有時也會使用共用日曆和排程服務（例如排定行程的線上程式 Doodle）。即便如此，在特定時間內完成一項任務，也不如同時兼顧多項任務重要。這讓記者、《隔間：我們如何從十九世紀陰暗帳房走到二十一世紀谷歌人性化辦公空間》的作者薩瓦爾（Nikil Saval）認爲，生活駭客就是科學管理二．○。

薩瓦爾承認，生活駭客一開始是對注意力分散和過度工作這些問題的認眞回應，試著從無盡勞動的要求中奪回一些閒暇時間和自主權。但後來，它變成了另一種自我成長的威嚇範例。他認爲，在生活駭客的行爲中，並沒有人拿著碼表監視著我們，這使得從表面上看來，我們確實在幫助自己，但過程中還發生了其他事情。我們把自主權交給了「一群不知名的管理者，他們透過應用程式、追蹤飲食習慣和睡眠週期細節的自我管理圖表，以及大師們的書籍和流行詞彙管理我們」。

當然，這種管理者並非眞的沒有形體，事實上，是我們自己在敦促自己「更快、更準、更好」——這也是一本書的書名，與「讓生活不再辛苦，工作更加省時省力」的效率升級方案有關。其他批評者則發現，勞工階層難以享有提高產能所獲得的收益，倒是焦慮感增加不少，並讓他們覺得自己在某種程度上應該受到責備。

難道人們不應該自由嘗試改善生活的方法嗎？不同於那些在客服中心和倉庫工作的人，這些工作場所的管理監控越來越嚴密，但駭客仍保有某種程度的行動自由。如果人們能在決定前多蒐集一些資訊，一定會看出哪些東西對他們有用，哪些沒用。我們將會看到，隨著時間推移，生活駭客們會開始收斂他們的熱情，並意識到拚命追求「生產力誘惑」⑨的結果，只會適得其反。我們也會看到一些生活駭客辭掉高壓工作、賣掉所有家當，選擇當個背包客去環遊世界。但在此之前，勵志思維和生活駭客是怎麼幫助我們提高生產力的呢？

9 這裡的「誘惑」原文是「porn」。此字雖原指色情，但凡是運用代入感，密集且誇張地滿足某種需求的事物，都可以稱為「porn」。

從安排優先順序開始

人們認為，生活駭客著迷於效率和時間是有理由的：費里斯的《一週工作四小時》聽起來就像是時間管理術。但費里斯會選擇這個書名，是因為它在谷歌關鍵字廣告測試的結果最好，而不是因為它最符合書的內容。在這本書中，費里斯強調的是**效能**（做那些能讓你接近目標的事情），而不是**效率**（以最經濟的方式完成一項特定任務，不論重要與否）；當然，效率還是很重要的，但除非運用在正確的事情上，否則毫無用處。

在這種觀點下，忙碌也是一種懶惰——懶得思考和無差別的行動。你可以很有效率地划著船槳，卻仍在原地轉圈圈，但高效能的船夫不但有效率，又有明確目標。

對效率和效能的區分是項強大的洞見，但它並不新穎：勵志書的內容每隔幾十年就會再把它拿出來冷飯熱炒。在費里斯的書之前，關於提升效率的勵志書中，最有名的是史蒂芬·柯維的《與成功有約：高效能人士的七個習慣》，首次出版於一九八九年。書名提到的是效能而不是效率，而柯維的這項看法也顯現在他經常引用的格言中：「重點不在於為你的行程表排優先順序，而是決定你的行程表上要有什麼。」同年，理查·柯克出版了暢銷書《八〇／二〇法則：商場獲利與生活如意的成功法則》。這兩本書中都提到，缺乏優先順序的效率是效能的近敵。效率似乎是一種優點，但也可能成爲缺點。

就連寫出經典著作《掌握你的時間和生命》（一九七三年出版）的艾倫．拉坎（Alan Lakein）也說過：「請不要稱我爲效率專家。我是一名效能專家。」爲什麼？因爲如何利用時間做出正確的選擇，比有效率地做任何工作都重要。和費里斯一樣，他也批評了那些只注重效率的人。規畫過度的人總是在製作、更新和丟掉清單；勞碌過度的人總是很忙，沒有時間去評估這件事的價值；省時狂人只會讓自己和別人焦慮。從這個觀點來看，效率只是取得效能的一種手段。

那麼，我們要如何實現高效能呢？拉坎建議讀者仔細考慮並列出自己的人生目標，然後把它們分成三組，把每天大部分的時間花在追求最重要的目標上。由於我們很容易分心而偏離高價值的工作，所以拉坎在書中花了很大的篇幅討論偏離後如何回到正軌。該書附錄〈我如何節省時間〉便收錄了他自己所實踐的許多技巧（熱衷於提升效能的人總是會用「節省時間」這種說法，卻把自己想表達的重點給弄混了）。

這份附錄沒有任何前言，單純列舉出六十一種提高工作效率的技巧，其中有些著重於效能：「二十三、我必定會計畫好每天早上要做的第一件事，並設定那一天的優先事項。」有些則著重效率：「五十二、我會直接在紙上寫下對大多數信件的回覆。」如果你把這一項的「紙」換成「電子郵件」，就能輕易看出這是一份生活駭客的清單，而且比這個詞彙的出現還早了三十年。另外還有：「四十七、能委派給別人的事，就盡量委派出去。」這也跟費里斯外包的概念一樣。

安排優先順序的重要性，可以追溯到第一位生產力顧問艾維．李（Ivy Lee）。故事是這樣的，一九一八年，伯利恆鋼鐵公司的總裁查爾斯．施瓦布（Charles M. Schwab）召見李，要求他提升公司高階主管們的生產力。李事先並未索要任何報酬，只要求與每位高階主管交談十五分鐘；三個月後，不論施瓦布認爲他的建議值多少錢，他都會接受。李向每位高階主管說明他的做法：每天工作結束時，寫下隔天最重要的六項任務，並排好優先順序。第二天，完成這些任務，到這一天結束時再重複這個動作。三個月後，施瓦布對結果非常滿意，開了一張兩萬五千美元的支票給他（相當於今天的四十多萬美元）。

後來的各種生產力提升策略，包括生活駭客在內，大多是這種做法的變形。每天要：一、確定目標、回顧目標、排定優先順序；二、計畫後續的任務；三、在這些任務上確實有所進展。舉例來說，柯維在《與成功有約》一書中區分了重要和緊急的事項。雖然柯維沒有引用艾森豪總統的例子，但這位前總統有句非常有名的詼諧之語，他說自己面臨的問題是「緊急的事情不重要，重要的事情從來不緊急」（艾森豪的另一句名言是「計畫本身沒有用，但做計畫就是一切」）。柯維根據這兩個變因設計了一個矩陣，鼓勵讀者把時間花在重要而不緊急的事情上。他同意拉坎重視委派的看法，柯維認爲這「可能是最強大的高槓桿活動」。

明確的細節有助於把優先目標變成可行的任務。有項經典的準則告訴我們，目標應該要「SMART」：目標明確的（specific）、可量化的（measurable）、可分配的（assignable）、相關的（relevant）、有時間限制的（time delimited）。當我們將干擾減到最低，並從小處開始著手時，就更有可能完成任務，而透過系統將任務分段也很有用。

生活駭客尤其熱衷於他們所謂的工作流程。正如之前提到的，大衛．艾倫在二〇〇一年出版的《搞定！》啓發了生活駭客一詞的創始人。搞定五步驟的核心是一個處理雜事的系統——艾倫將雜事定義爲「任何你允許進入內心或現實世界的東西。它們沒有明確的歸屬定位，你也還沒決定想要的結果和下一步行動」。在這套方法裡，雜事要捕捉、理清、整理、回顧和執行，藉由在不同的區塊（例如收件匣、將來、現在或延遲）間移動，降低操作與執行的難度。但艾倫也提出警告：「只要它仍然是『雜事』，它就是不可控制的。」

任何曾嘗試管理個人雜事的人都知道，把它們寫下來並制定計畫，確實有所幫助。這項做法本身就能促進效能提升，而它可能與「蔡格尼效應」（Zeigarnik effect）有關，即大腦傾向於記住並返回未完成或中斷的任務。俄國心理學家布魯瑪．蔡格尼（Bluma Zeigarnik）在一九二七年進行這項研究，據說靈感來自一位咖啡廳服務生。這名服務生有驚人的記憶力，能記住每桌客人的點單；但客人離開、桌面清理乾淨後，馬上就忘記了。蔡格尼把自己的假設帶進實驗室，發現相較於完成任務的受試者，被打斷的受試者較有可能回憶起任務內容。社會心理學家羅伊．鮑梅斯特（Roy Baumeister）認爲，搞定五步驟有助於減少蔡格尼效應，因爲未完成的任務和目標常會突然出現在人們腦海中，讓人覺得很有壓力，尤其是任務太多的時候。

搞定五步驟並不是唯一的工作流程。即使是日常行事，許多生活駭客仍會採用自己在工作中使用的方法。**個人看板**（Personal Kanban）的靈感來自於豐田的即時生產系統：把任務寫在便利貼上，並歸類到三個區塊之一。第一個是「待辦」，第二個是「進行中」。「進行中」的項目完成後，就把它移到「完成」；接著重新評估「待辦」，再將其中一個專案移動到「進行中」……同樣的，人們也會將開發軟體所用的框架應用在自己的生活中，像是「Scrum」[10]敏捷式工具，這個方法也常常需要在白板上移動便利貼。

當然，生活駭客們會根據自己的喜好自由調整這些系統。生活駭客網站的創始人吉娜．特拉帕尼，使用的是簡化版的搞定五步驟，包含三個部分：下一步、專案、將來／或許。雖然有很多功能強大的應用程式都能支援搞定五步驟，但她只用一個簡單的文字檔來管理，透過 Dropbox 同步，並在她開發的應用程式中編輯。

爲了讓事情變得單純，企業家艾莉珊卓．卡佛拉柯斯（Alexandra Cavoulacos）創造了「一三五法則」。原則和其他系統一樣，要先完整列出非做不可的待辦事項清單。接著，每天都要努力完成一項重大任務、三項中等任務和五件小事。在一天的工作結束前，確認隔天的「一三五」，這樣一早就能馬上進行。這很簡單，有個優先順序，並利用了這樣的事實：當早上有一些小的、明確的或未完成的任務等著你時，比較容易有個好的開始。

生活駭客在意效能和效率的差異，並強調其區別，這不是什麼新鮮事。卡佛拉柯斯的一三五法則與一個世紀前艾維·李的方法並沒有太大的差別。他們都從工作中借用了管理技術專案的系統，然後把它們帶回家；他們也喜歡嘗試，無論是奇怪的睡眠模式或者挨耳光。

我們真的需要睡這麼久嗎？

關於時間，除了有人希望穿越到過去見富蘭克林一面，人們還幻想能控制它：要是能

10　「Scrum」原指橄欖球比賽時的「爭球」，兩隊球員會緊密相靠在一起，並努力將球帶往自己的球門。Scrum強調的是簡單、靈活、緊密合作，以快速回應需求的變化和業務的優先順序。

讓寶貴的時刻慢下來，或讓討厭的時候快轉就好了。而最迫切的是，如果一天能有更多時間可用就好了！

這是南希・克雷斯（Nancy Kress）一九九三年出版的推理小說《西班牙乞丐》的故事設定。

在不久的將來，充滿野心的父母讓孩子有了不必睡覺的基因。隨著這群基因改造兒童長大成人，需要睡覺和不用睡覺的人之間開始出現差異。一般人仍需要在好幾個小時的睡眠中度過，不眠者卻可以通宵讀書、練習和工作。這對許多需要睡眠的人來說似乎不太公平，因此社會對不眠者施加限制。一名溜冰選手被禁止參加奧運，因爲她每天可以練習十二個小時，這是一種不公平的優勢。怨恨和恐懼擴大了裂痕，在暴力行動後，許多不眠者只能避居在自己的聚落中，先是在地球上，然後到移居至航行中的太空站。

本書書名乃根據不眠者之間的一場辯論而來，正如需要睡眠的人可能會問，他的人生對另一個國家的乞丐有何虧欠？既然如此，人類之中最有生產力的不眠者，又虧欠了地球上的需要睡眠者什麼？

我們還沒有辦法改造基因以擺脫睡眠，但生活駭客嘗試了其他的方法，也就是多階段睡眠。大多數人都是單次睡眠，也就是睡一整個晚上；有些人卻是兩階段睡眠：一天睡兩次，中間有一段醒著的時間。在人工照明出現前，這似乎才是自然模式。多階段睡眠則完全是另一回事，把睡眠分成多次短時間小睡，並分散在一整天裡，藉此增加醒著的時間。

費里斯在《身體調校聖經》一書中問道，如果長頸鹿只需要一．九小時的睡眠，爲什麼人類不行？既然「最有益的睡眠階段」是一到兩個小時的快速動眼期，那麼有沒有什麼方法可以「調校」一下，讓我們「消去」約六個小時的低效能睡眠？

這其實是做得到的。WordPress創始人馬特．穆倫維格爲部落格平臺寫程式時，大部分時候都是每寫兩個半小時，就睡四十分鐘。把妹達人尼爾．史特勞斯和泰南在「好萊塢計畫」期間，也對多階段睡眠進行了試驗，雖然他們只撐了七天（前十天應該是最困難的）。在第二次實驗中，泰南按照狂人睡眠週期（即每兩小時小睡十五分鐘），連續四個半月保持每天清醒二十一小時的狀態。

儘管他們繼續使用德沃夏克鍵盤，但穆倫維格和泰南的睡眠工程卻無法持久。穆倫維格結束了他的實驗，這是他一生中產能最佳的一年，但結果證明他和新女友的作息無法互相配合；泰南也不再這麼做，因爲這打亂了別人的行程表，而且他覺得自己其實並不需要額外的時間。

文化評論家強納森．柯拉瑞（Jonathan Crary）認爲，我們現在面對的是全年無休的時間導向，對個人的需求毫不關心，而且人類生命的脆弱越來越無法被充分接納。在《全年無休：晚期資本主義與睡眠終結》一書中，柯拉瑞嘆道，我們的睡眠正受到網路工作和消費的影響，當我們寫郵件給同事、在亞馬遜上購物時，螢幕延後了我們的睡眠時間。生活駭客的多階段睡眠夢想，就是在默許這種事發生。然而，沒有人能長期持續多階段睡眠。即使是單身漢，最終仍會發現它與一般日常生活格格不入，而且只要不小睡，就會打亂自己的睡眠時間表和思考。事情正如柯拉瑞所總結的：「睡眠是無法消除的。但它可以被破壞和掠奪。」

再說，我們又不是長頸鹿。

把我的生產力變四倍

二〇一二年，曼尼什．塞提（Maneesh Sethi）終於成功變身網路名人。這位部落格格主請人在他工作效率不高時打他巴掌。當然，很多人之所以追蹤他，是因為難以置信，但這個噱頭發揮了支點的作用。這是他努力行銷自己的巔峰，就像費里斯一樣，成為一名生活方式設計企業家。這讓他開啓了自己的未來，決心開發一款令人驚嚇的小玩意。而他的故事也成為一個案例研究──關於對剝削的注意。

四年前，也就是二〇〇八年，塞提還是史丹佛大學的學生，當時他讀了費里斯的《一週工作四小時》，覺得它實在太振奮人心，不但只花了幾個小時就讀完全書，還買了前往布宜諾斯艾利斯的機票。正如他所說的：「我意識到，只要遵循費里斯的想法，自己可以做任何想做的事。」他離開學校，開始創立沒有辦公室的事業、環遊世界、接受非凡挑戰，並教其他人如何做同樣的事情，成為「一週工作四小時」的大師。

二〇〇九年，費里斯徵求「現實世界的生活方式設計案例研究」，有十八個人送出了影片，展示一週工作四小時如何讓他們的生活變得更好。塞提的影片開頭是他在大象背上做伏地挺身的靜態照片，這是他發表在社群網站上某項計畫的一部分：「我到其他國家旅行，找一些奇異的動物，在牠們身上做伏地挺身。」

塞提把自己描述為「數位遊牧者」：他擁有的一切都能裝進背包裡。此外，他還建立了費里斯所說的被動收入業務。費里斯能從遠端管理他的營養補充品生意，塞提則像許多人一樣，使用谷歌 AdSense 這個平臺。

比方說，你有個做伏地挺身的超讚網頁，平臺會付錢給你，要你在網頁上放高蛋白粉公司的廣告（這和關鍵字廣告不同，關鍵字是廣告商付費在搜尋頁面上放廣告）。想打廣告的產品得到了曝光度，你得到了錢，谷歌則從中抽成。一旦將這個系統自動化，塞提每週只需要花幾個小時去尋找一些谷歌有廣告，卻沒有多少相關內容的關鍵字。接著，他付錢給其他人，讓其他人去創建與這些關鍵字相關的網頁，如此一來，就能依靠外包內容的廣告收入生活。把現實視爲「有系統的系統，延伸到各個角落」的駭客保羅．布赫海特還任職於谷歌的時候，就談過生活駭客喜歡的被動收入來源，而 AdSense 正符合這個條件。

塞提沒有贏得比賽，但受到費里斯部落格高曝光率的鼓舞，塞提開始建立自己的部落格，並宣布一項群衆募資活動：希望募得五千美元，幫助印度農村的一所小型學校建置並使用網路設備。這種募資活動同樣遵循費里斯的模式：費里斯三十幾歲時，開始藉自己的生日來舉辦慈善活動。二〇一〇年，塞提和朋友與粉絲籌到了超過十萬美元，讓以清寒學生爲主的公立學校得以舉辦校外教學活動。

二〇一一年，費里斯又舉辦了一場「一週工作四小時」比賽，獎勵是費里斯即將舉辦的研討會門票，價值一萬美元，內容有關如何開發和推廣線上內容。塞提宣稱自己不需要工作，收入是完全被動和外包的：「什麼一週工作四小時，去他的，我過著每週工作零小時的生活，而且我正在教很多人做同樣的事。」他還上傳了兩段有關這種生活方式的尷尬影片。接下來，他想藉由一個九十天的實驗重新定義微型退休。「明年，我要住在一個荒島上，獨自一人，只帶一把瑞士軍用刀和一個通訊衛星的網路連結器。」但現在，他正在柏林努力成爲有名的 DJ。

塞提的確做到了，並對結果相當滿意，使用的正是金．卡戴珊（Kim Kardashian）的「性醜聞技巧」：做些惹人非議的事情，很快就能出名。他和合作夥伴並沒有培養 DJ 必備的技巧，沒有與推廣商建立連結，也沒有一步步往上爬，而是每月舉辦自己的派對：「持續舉辦這些派對的短短幾星期後，我們就在柏林主持了提摩西·費里斯的現場直播。我們的派對吸引了來自 全世界各國的數百位觀衆。」

當然，和費里斯一樣，塞提並不是一個星期只工作四（或零）個小時，甚至連「半」退休也算不上。再說，就算有費里斯的粉絲參加你的派對，難道就能讓你成爲有名的DJ嗎？塞提不斷旅行、四處享樂，卻也爲了成爲生活方式和行銷大師忙碌不已。塞提正努力獲得與費里斯和哥哥拉米特（Ramit Sethi）一樣的成功——塞提的哥哥是《我教你變成有錢人》一書的作者。

塞提致力於推銷暢銷勵志書，包括費里斯的《廚藝解構聖經》（這本書有提到塞提），以及一些關於飲食和女性「荷爾蒙治療」的書籍。最著名的是二〇一二年，他從分類廣告網站上僱用了一名女性，當他被臉書分散注意力時，她就會打他巴掌。

> 我要徵求一個人，到特定的地點（我家或咖啡館）在我身旁工作，要確定能看到我的電腦螢幕。只要我浪費時間，就吼我一下；必要的話，甚至打我巴掌都可以。可同時做自己的工作。徵求助手，越快越好。地點鄰近灣區捷運第十六街站。時薪八美元，期間可用自己的電腦做自己的事。

塞提聲稱這個噱頭讓他的生產力變成四倍，並在部落格上分析記錄了這項進步。然而，即使意志力外包的成本低於最低工資，難道不能使用某種小工具達到同樣目的、讓成本更低嗎？

二〇一四年，塞提推出了「帕夫洛夫」手環，概念來自於帕夫洛夫的制約理論，手環會產生微小電流，幫助使用者克服壞習慣。這個想法大受歡迎，在募資平臺上募到了超過二十八萬美元，是最初目標的五〇八％。以前的做法是在手腕套個橡皮筋，然後彈自己一下，好擺脫不想要的想法或習慣。一條橡皮筋，拉起來再鬆開就會弄痛你，手環則是會電你一下。雖然相較之下橡皮筋是免費的，但塞提相信這個兩百美元的小玩意物有所值。「帕夫洛夫」結合了感應器、朋友和GPS，能讓你好好走在邁向目標的軌道上。比方說，不論當你把手伸到嘴邊（咬指甲或吃零食）、去最喜歡的速食店，或是在臉書花太多時間，它都會電你。此外，塞提還開了一門有關改掉壞習慣的線上課程，宣稱想馬上徹底戒掉某個習慣的人當中，成功率大約是五％；使用橡皮筋的，成功率是二五％；至於使用「帕夫洛夫」的人，大約有五五到六〇％的人都成功了。

塞提用盡一切可能的方法，透過報紙、播客和部落格，向費里斯所謂的「新富」企業家推銷帕夫洛夫手環，這個小玩意甚至被美國深夜檔政治諷刺節目《柯柏報告》拿來嘲諷——

這個節目可說是衡量大衆關注度的實用量表。還有一次非常珍貴的機會，是他在二〇一六年時參加美國廣播公司的創業實境秀節目《創智贏家》，但他的提案並沒有被接受。其中一名評審說他是個靠花招行騙的人，而在塞提拒絕對他最具好感的投資者提出的交易後，又發生了更糟糕的事：有人說他去上節目只是爲了推銷自己的產品，不是爲了獲得額外的資金。對於費里斯和塞提這樣的生活駭客騙子，批評他們自私自利的聲音並不少見。

我們將在下一章繼續認眞研究動機駭客。但對塞提行爲的評論，讓我們回到這一章開始時，對富蘭克林的高生產力所提出的問題。當生活駭客試著充分利用時間時，他們究竟視什麼爲理所當然？說得更準確一點，生活駭客的行爲何時會變成剝削？

特權和剝削

二〇一二年，塞提寫了一篇〈性醜聞技巧〉，內容有關如何立刻實現各種目標（並與費里斯開派對），他指責其他人自以爲擁有某些權利：如果你覺得，只因自己上了大學、努力讀書、拿到好成績和學位，就表示自己應該得到一份工作，那就錯了。有成千上萬的人都是這樣。所以他問：是什麼讓你與衆不同？更何況，與任何美國大學畢業生相比，還有其他國家的人會爲了更少的錢更努力工作。

告訴你們一個故事，是我一位菲律賓員工的故事。我僱用克拉克來幫我養成一個習慣：每天早上十點，他要打電話提醒我用牙線潔牙。

有一天，我在十點三十二分時收到了一則訊息。「抱歉，曼尼什先生（克拉克總是叫我『先生』，就算我告訴他別這樣叫我），我遲到了，眞的很抱歉。我們這裡被颶風襲擊，整個村子都沒有電！我得跑十幾公里到隔壁村子，才有辦法打電話給你！」

你會只爲了提醒我用牙線而跑十幾公里嗎？我給克拉克的薪水是每小時兩美元（但在此事之後，我給了他一大筆獎金），但你呢？你做了什麼來提升自己的價値，讓雇主願意付十到二十倍的薪水給你？

想當然耳，塞提的回答是「侵入系統」：「達到目標的最短路徑，不是透過做其他人正在做的事情，反而多半是要做完全相反的事情。」爲了在柏林成爲DJ，他舉辦了許多派對；爲了提高知名度，他建立了自己的播客，採訪其他更有名的生活駭客。

然而，在塞提教導別人「權利謬論」的同一篇文章中，他提到自己花錢請一名菲律賓人提醒他使用牙線。追求效率是値得稱讚的，就算做過頭，也還有機會重新評估目標和優先順序的有效性。然而正如富蘭克林的生產力端賴於妻子和奴隸等被忽視的勞動，外包也同樣依賴其他人的勞動成果。若是本地的工作，勞動將由零工經濟來完成，例如優步司機。這些人的工作靈活度高，獲利卻很少，其中更有許多人很快就會被自動化取代。至於那些可以遠端完成的工作，則會由迫切需要收入的外國人來執行。

儘管業主所提供的工作可能是低階的，但以誠實的態度來回應這種需求或許是一種美德。費里斯指出：「我把工作外包給印度人，有些人又會把部分工作再外包給菲律賓人。這是資本的有效利用，如果你想要自由市場的回報、想要享受資本主義制度的回報，這些就是必須遵守的規則。」但這什麼時候會變成剝削呢？什麼時候規則是不公平的？這正是自動化和全球化的雙面刃。

有效、自由且靈活，具備這些前提和承諾的系統，才會被生活駭客接納。將大企業的外包方法用在個人身上，確實是一種駭客技巧，卻也承繼了企業的道德過失。儘管塞提善良又隨和，但在颶風過後，克拉克是否能放一天假，先幫助家人、保留自己的時間，而不是把時間拿來換兩美元？還是因爲他的家庭非常依賴這份薪水，所以他別無選擇，只能跑十幾公里，好提醒塞提用牙線？

同樣的，人們假設勞工可以選擇要做穩定的正職或富有彈性的計時工作，但零工經濟的從事者中，已處於邊緣、別無選擇的人卻越來越多。這樣看來，生產力駭客有時似乎在爲那些會遭企業制度濫用的東西喝采。塞提推出了據說能糾正壞習慣的手環，四年後，亞馬遜爲類似的東西申請了專利——針對拿錯貨品的倉庫員工。值得慶幸的是，亞馬遜的提案裡並沒有包括電擊裝置。但在那些能自己選擇制度與能要求他人實施該制度的人之間，存在著一種令人不安（即使是巧合）的互惠關係。

如果留意一下生活駭客的面貌，通常會看到白人、聰明、偏好技術的男性，畢業於好大學；但情況並非總是如此，也有像特拉帕尼這樣的女性、像塞提這樣的有色人種。而在偏好技術的群體中，從一所好學校輟學，本身就是一項很值得鼓勵的優點，例如矽谷億萬富翁彼得．提爾（Peter Thiel）向輟學或不念大學的年輕人提供了十萬美元的獎學金，鼓勵他們創造新的東西，而不是坐在教室裡。但批評者不必過度將矽谷那些萬事通和生活駭客大師描述爲忽視他人境遇、享有特權的白人。

搞定五步驟是保持高效能、專注於重要事項、減少焦慮的有效方法。但多虧了海蒂．沃特豪斯（Heidi Waterhouse）的演講「我們其他人的生活駭客技巧」，讓我更理解這種方法背後的固有假設。沃特豪斯是一位「科技作家、手工藝者和職業婦女」，她指出，「搞定五步驟」預設你是環境的主人，其他人無法控制你的行程，你不但可以委派任務，而且沒有外部牽掛，比如照顧長者或孩子。

她更喜歡另一個程式，名叫「別怪你的環境」（UfYH），同樣是生產力駭客技巧，但比較沒有那些與性別或階級有關的前提。這個程式比較適合那些想利用電話會議後和送孩子上學前的幾分鐘空檔，做些有意義事情的人。在這段時間裡，你可能無法把廚房整理到一塵不染，但或許可以清理碗盤架，讓之後洗碗的工作輕鬆一點。

在批評者看來，「搞定五步驟」和生產力駭客是對集體問題的個人式回應：在自我實現和創業主義的僞裝下，勞動者試著利用身處較低階層的人，以逃避朝九晚五的常規。少數幸運者確實爬了上去，但剩下的那些人若不是繼續被當成可替代的階梯（比如在電話客服中心），不然就是繼續努力地往上爬，同時不斷說著**自由**和**靈活**的流行語。塞提給克拉克每小時兩美元工資，這在菲律賓農村地區或許已是非常好的薪水，克拉克在他自己的環境中則是一位成功的企業家——但也可能不是，而這樣的疑慮很少被提出。

這些對特權和剝削的批評，並非完全在譴責生產力駭客。雖然有些大師們確實專注於富人，比如費里斯那個收費一萬美元的研討會，但只要你能上網或到圖書館，就能輕鬆獲得生活駭客們的絕大多數建議。此外，除了大師，生活駭客大多是普通的極客，只是想改善自己的生活而已。還記得嗎，「生活駭客」這個詞是在一次科技研討會上**分享**小訣竅時出現的。這一點很值得稱許，正如沃特豪斯等人試圖將生活駭客的範圍擴大到「我們其他人」一樣。生活駭客越多元，就會帶來更好的技巧。

這並不是說生活駭客本身就有缺陷，只是到目前爲止，它一直過度局限於區域性，這一點曾在加州的一次科技會議上提出。艾麗絲．馬維克（Alice Marwick）是一位對矽谷文化有敏銳嗅覺的研究者，她寫道，費里斯和他的同儕之所以能成功，是因爲他們堅持了科技界的價值觀（熱情、成功、自我改善、菁英領導制度），而且不加批評或質疑。他們用獨特、聰明和革命性，將這些價值觀升級至二．〇版。也就是說，費里斯將富裕白人男性的經驗當做一種可行的方法，推廣給其他人，他快速致富的技巧在失去作用前，只有少數人有能力追求，因爲並不是所有人都能操弄谷歌關鍵字。

同樣的，塞提似乎看不起那些不願或不能像他那樣「侵入系統」的人，但如果每個人都這麼做的話，系統就會被摧毀。如果每個人都在動物身上做伏地挺身的話，這些具異國風情的動物就會滅絕。

因爲駭客就是試著利用或違反系統、扭曲規則，因此有道德的駭客應該小心對待系統，而不是對付其他身處其中的人。電腦駭客長久以來都有道德方面的爭議，因此，我們同樣要問：生活駭客是否具有普遍性（是否每個人都能做到這一點），並都能從中獲益（而不是只有駭客本人）？

但在生活駭客圈中，這些議題卻都被忽略了。費里斯是很會製造聳動氣氛的人，他把自己對外包關係的實驗命名爲「把你的孩子寄到斯里蘭卡，或僱用印度皮條客——極端的個人外包」。但他也是一個務實的人，因爲外包任務應該是耗時且定義明確的，然而他和塞提都很少談到如何在不剝削他人的情況下把工作發包出去。簡單來說，即使是有特權的極客，也和其他人一樣，有自我成長和快樂的權利，但他們是否虧欠了別人什麼？

是否有誰虧欠了誰？

在南希·克雷斯小說的思辨世界裡，不眠者問他們虧欠了需要睡眠者什麼，其中的大部分對話，是由一種稱爲「雅蓋主義」（Yagaiism）的哲學所塑造的。書中的角色坎佐·雅蓋（**Kenzo Yagai**），是廉價低能量核反應發電機的發明人，雅蓋認爲，一個人的價值取決於他能做什麼，而自己唯一的義務就是遵守協議。

雅蓋的能源技術改變了世界，其哲學也是。一位富有的實業家就是這種思想的信徒，他選擇讓女兒蕾莎成爲第一批不用睡覺的孩子，也希望她的表現夠好，正如他向女兒所解釋的：「人們會把自己擅長的東西拿出來交易，每個人都從中受益。文明的基本工具就是合約。合約是自願且互利的，與脅迫完全相反，那是錯的。」

儘管如此，隨著蕾莎逐漸長大，她對雅蓋主義仍然很不確定，並且喜歡一些需要睡覺的人——儘管身邊許多不眠者友人都主張，她應該與那些人斷絕往來。有時蕾莎會好心地給乞丐一些零錢，但同樣身爲不眠者的朋友托尼問她，如果那群人裡頭有暴民怎麼辦？

「妳有欠乞丐什麼嗎？一個好的雅蓋主義者、相信互利契約關係的人，爲何要理會那些沒有東西可交易，只能拿取的人？」

「你不……」

「什麼，蕾莎？用妳能想到最客觀的話來說，我們欠那些因貪婪而沒有生產力的人什麼？」

「我一開始是這麼說的：好意，同情。」

「即使他們不會拿東西跟妳交換？爲什麼？」

正如克雷斯在前言中所寫的，她想探討社會在生產力有無之間日益分化所帶來的長期影響，並展現她對個人卓越與利己主義支持者艾茵・蘭德（**Ayn Rand**）的理解，以及娥蘇拉・勒瑰恩出版於一九七四年的小說《一無所有：模糊的烏托邦》中的思想。在全書結尾，克雷斯藉蕾莎之口說出自己的結論：「對乞丐最大的責任，是問他們每個人爲什麼變成乞丐，並依此行動。因爲群體是一種假設，而不是結果，只有像對待卓越者一樣，賦予無生產力者同樣的個體性，並採取相應的行動，人們才能履行對西班牙乞丐的義務。」

《西班牙乞丐》和對生產力駭客的批評有驚人的相似之處：想想雅蓋的革命性技術和哲學理念的結合。我想這本小說在一九九三年出版時，克雷斯並沒有預料到這一點，但網路本身的發展也有類似的文化結合性：許多傑出的駭客和創業者都受到了自由意志主義和艾茵．蘭德客觀主義哲學的影響。

保羅．葛拉罕（Paul Graham）是一位著名的電腦程式設計師、駭客散文家、創業家和風險投資家——聽起來他可能是個雅蓋主義者。他在二〇〇四年的一篇文章中寫道，那些把某件事情做得最好的人通常比其他人優秀很多，而科技扮演了槓桿，進一步放大了這種差距。因此，在現代社會中，收入有極大差距是很自然的，就像有生產力者與無生產力者之間的差距一樣。只要這是創造價值的結果，不是肇因於腐敗或脅迫，那麼收入差異的增加是健康的標誌。

而在一個富裕的社會中，**相對的貧窮**並沒有那麼糟糕：「一個是生活在物質生活比現在好很多，但我被歸類在最貧窮階級的社會；另一個則是生活在我被歸類爲最富有階層，但生活條件比現在差得多的社會。如果可以選擇的話，我會選前者。」

葛拉罕這種在「寧可在超級富裕社會中當窮人」的看法是很理性的，但在經濟上並不合理，心理上也不能一概而論。葛拉罕很富有，所以我們很難想像一個其他人都比他更有錢的社會。此外，有研究顯示，人們面對不平等時都會感到不滿，而這一點與個人的平均所得無關。巧合的是，這也是多克托羅在《沒落的魔法王國》最後一章探討的重要主題。

葛拉罕以對駭客思維模式和文化的深入了解而著名。在他的駭客散文集中，解釋「駭客」一詞既能用來形容聰明的修復方案，也可以形容笨拙的方法，因為「無論解決方案笨拙或聰明，都有個共同點：它們都打破了規則」。當人們為了個人利益而使用生活駭客技巧來打破集體系統的規則時，幾乎不會考慮到其他受影響的人。

的確，那些留下來的人可能會被聰明到擺脫制度的人僱用，做些卑微的苦差事。但要如何改善系統本身呢？生活駭客對這一點倒是沒什麼著墨。雖然生活駭客的做法可以讓人更有效地宣導社會進步，但到頭來，他們的重點還是在於破解自我。

4 動機駭客

更快、更準、更好

在一個美好的夏日，我前往舊金山的普雷西迪奧公園，參加一次非常特別的野餐聚會。這個小型聚會是為動機駭客應用程式「蜜蜂護衛」（Beeminder）的粉絲舉辦的，《動機駭客》的作者尼克．溫特（Nick Winter）則是特別來賓。溫特是中文與日語漢字學習應用軟體「腳步」（Skritter）和透過遊戲學習程式語言的平臺「極客戰記」（CodeCombat）的創辦人兼駭客。

雖然他就像費里斯和泰南一樣，也會花很多時間坐在電腦前，但很明顯的，他並不滿足於那種瘦巴巴的宅男形象。溫特的網頁上有一張他單手倒立的照片：穿著谷歌上衣、薄底五指鞋（泰南也喜歡這種鞋）。以倒立者來說，他的表情出奇地平靜（見圖3）。我在野餐會見到他時，他不但穿著照片中那種幾乎不像鞋子的鞋子，而且還在丟飛盤。

《動機駭客》是一份針對自我的實驗報告，是一本有關如何將動機最大化的指導手冊。溫特的目標是在三個月內寫完這本書，同時嘗試其他十七項任務：他想學滑板、跳傘、三千個新漢字；想和女朋友浪漫約會十次、和一百個人出去玩、跑四小時的馬拉松，以及「把快樂指數從六．三分提高到七．三分」（滿分十分）。最重要的是，他必須完成「腳步」的開發工作。溫特想要進行這些挑戰，是因為他閱讀了致力於「精煉人類理性」的線上論壇「少錯一點」的一篇文章，並大受激勵。

這篇文章本身就是對皮爾斯．史迪爾（Piers Steel）《不拖延的人生》的概述。史迪爾是一名研究組織動力學的教授，他認為一個人的動機可以用以下等式來表示：

圖 3
倒立中的尼克・溫特，2013 年，http://www.nickwinter.net/，經授權使用。

動機＝（期望×價值）÷（衝動×延遲）

也就是說，如果你想自我激勵，首先要確認目標是可實現且有價値的，同時盡量減少干擾、縮短等待獎勵的時間。假設你現在想激勵自己開始寫小說的新章節，那麼就從寫二十五分鐘、休息五分鐘開始。這是可以實現的目標，你也從經驗中知道，一天的開始是最困難的部分。如此一來，你就能進入史迪爾所說的「成功螺旋」。你也應該減少干擾，並看到即時回饋，所以你關掉網路，在二十五分鐘結束時給自己一點獎勵，比如一顆葡萄。在閱讀了「少錯一點」的文章後，溫特迫不及待地想知道這些意在解決低動機困境的技巧，能否用來將動機提高到不可思議的程度。

溫特的靈感來自於一個討論理性的線上論壇，這聽起來很剛好。對理性思考者來說，不能按自己的最大利益去做事，是最令人懊惱的。但一直以來，未能做出正確的選擇讓他們很沮喪。古人稱之為「akrasia」，這個希臘字的意思是缺乏自制能力。克服缺乏自制力的方法，就跟誘惑本身一樣古老。在荷馬史詩《奧德賽》中，奧德修斯要水手們塞住耳朵，並把他綁在桅杆上，這樣他就能聽到海妖的歌聲。另一方面，水手們就這樣前進，他們既聽不到海妖危險而迷人的召喚，也聽不到船長要他們駛向那致命礁石的懇求。因此，決心

（比如把橋燒了，好讓自己沒有退路）有時也被稱爲「尤利西斯條約」——這是奧德修斯的羅馬名字。

幾個世紀後，保羅在寫給羅馬人的書信中哀嘆道[11]：「因爲我所做的，我自己不明白；我所願意的，我並不做；我所恨惡的，我倒去做。」他的解決辦法是使自己成爲神的僕人，而不是繼續做自己罪性的奴僕。

諾貝爾經濟學獎得主湯瑪斯·謝林（Thomas Schelling）是近期的一位無自制力理論家。謝林最著名的是將賽局理論應用於全球衝突和合作，在一九七八年和一九八〇年，他發表了兩篇不太爲人所知的文章，內容是關於人們爲了處理內部衝突而玩的遊戲。

> 有時我們會怕自己禁不住誘惑，而把東西放在拿不到的地方；有時我們會承諾給自己一些小獎勵；有時我們會把權力交給一位值得信賴的朋友，由他監督我們的卡路里和香菸。我們把鬧鐘放在房間另一頭，這樣就得下床才能關掉它。經常遲到的人，會把手表調快幾分鐘來欺騙自己。

11 出自《聖經·羅馬書》第七章第十五節，新標點和合本。

謝林認爲自我控制是個重要課題，並提出了另一個與經濟學互補的領域。正如經濟學「Economics」源自於希臘語中表示家庭和管理的詞彙，自我經濟學（Egonomics）則是自我管理的藝術和科學。這樣的例子很多：我們如何管理那些會產生不良後果的恐懼、憤怒、懶惰、上癮和其他不想要的行爲？就像我們爲了避免因搔抓皮膚上的紅疹導致症狀惡化，所以把指甲剪短或戴手套睡覺一樣，生活的其他部分中也需要類似「技巧」。如同大衛·艾倫在幾十年後在《搞定！》使用「技巧」這個詞一樣，這其實就是生活駭客，只是名稱有所不同。

有趣的是，最能代表有效自我管理的標誌，是一顆番茄——雖然前一章談過的帕夫洛夫電擊手環可能會取代它的位置。一九八〇年代，法蘭西斯科·西里洛（Francesco Cirillo）根據大學時代番茄形狀的廚房計時器，創造了一個工作流程，稱爲「番茄工作法」。

這個方法是這樣的：確定自己的任務後，工作一段時間後——通常是二十五分鐘，就休息一會兒。如果你因一個突然冒出來的想法分心（莎莉回信了嗎？），把它寫下來，等一下再做就好，然後繼續工作。在重複幾次循環後，就可以休息得更久一點。

和許多提高生產力的駭客技巧一樣，這似乎和時間管理有關，但它實際上是一種心理學工具，一種自我管理和自我經濟學的工具。使用這種方法的人指出，它可以提高注意力、增強動力、改善評估完成任務所須時間的能力、提升面對複雜作業的解決能力，並減輕承擔工作時的焦慮。我使用了類似的時間限制方法，並發現自己也達到了上述大部分功效。正如史蒂芬．柯維在《與成功有約》中所寫的：「『時間管理』實際上是一種誤稱，挑戰不在於管理時間，而是管理我們自己。」

我曾在本書開頭提到，生活駭客是數位時代的一種現象。在我們所處的這種文化中，人們期望創意階層能自力更生；但也是在這個時代裡，分心的事物無處不在。動機駭客就是一種解決方案，是一種應對甚至超越的方法。在本章中，我們將看到其中有些建議確實有用，但言過其實的更多。更重要的是，我們將了解管理自我需要下多少工夫，且仍有可能覺得它無法滿足需求。

動機的科學

生活駭客從科普資訊中汲取靈感。他們閱讀暢銷書、觀看與意志力及好習慣行為基礎有關的TED演講。這與自二〇一〇年以來，以社會科學為基礎的自我成長熱潮不謀而合，包括史迪爾的《不拖延的人生》。「自我經濟學」這個詞從未流行起來，但謝林提出的問題卻廣為人知，引起不少關注。

在上一章，我們介紹過羅伊．鮑梅斯特，一位傑出的社會心理學家，曾提出「搞定五步驟」與蔡格尼效應之間的關連。他最著名的理論是「自我損耗」，並藉著《增強你的意志力》一書更加廣爲流傳。他的理論是，人們的意志力是有限的，這與血糖有關：「當身體在自我控制過程中使用葡萄糖時，它就會開始渴望吃甜食，這對那些想利用自制力不吃甜食的人來說，是個壞消息。」由於意志力是善變的，因此鮑梅斯特和該書共同作者約翰．提爾尼（John Tierney）建議，抵抗誘惑的好方法就是規畫自己的生活，從一開始就避開它。

動機駭客也需要建立具建設性的習慣。查爾斯．杜希格（Charles Duhigg）所寫的《爲什麼我們這樣生活，那樣工作？》一書指出，想要建立習慣，你需要的是提示（觸發大腦活動）、慣性行爲（使它自動化）和獎賞（建立慣性行爲）。至於他的另一本著作《爲什麼這樣工作會快、準、好》則建議你利用SMART目標（明確的、可量化的、可分配的、相關的、有時間限制的），但必須在一個更大且具延伸性的目標框架內，否則瑣碎的事情可能就夠你忙的了。想出有效的目標，也是《正向思考不是你想的那樣》一書的主題。正如這類書籍常有的情況，暢銷書《恆毅力》透過TED演講讓它更受大眾喜愛。

這些大眾社會科學都會透過**遊戲化**的炒作進一步推廣出去。所謂的遊戲化，就是將一些遊戲設計項目（例如分數、排行榜、成就級別）應用在學習或健身等方面。事實上，「自我」並不是這類書籍的唯一目標。所謂的成長駭客，會利用同樣的技術，增加自家產品和服務的銷售量。在某本書中，一位前遊戲設計師建議，採取與建立個人習慣時一樣的手法（提示、慣性行爲、獎賞迴圈）來吸引消費者購買商品。

這些都是生活駭客學習的素材，他們利用動機方程式設定明智的目標、培養良好的習慣、堅持下去，並將它遊戲化，再加上系統化精神，以及對科技的喜愛。這些影響在溫特編寫「腳步」時，同時試著「將動機提高到不可思議的程度」的各種行爲中可見一斑。

溫特在《動機駭客》中寫道，有一次，寫程式的工作停滯了：「我非常想完成這個應用程式，但我無法逼迫自己，程式的小漏洞比以前更多……我可以看出這個 **iPhone** 應用程式還得再做幾個月。期望和價值很低，衝動和延遲很高，而我的動機消失了。」他意識到，如果自己想完成它，就必須使用動機方程式設計出新的方法。他從成功螺旋開始，針對每天能專注寫程式的時間量，設定了一個容易達成的目標。初步的成功增加了他實現目標的**期望**。重要的是，他用努力程度來檢視這些目標，而不是結果。如果你關注的是結果，必然會失敗，因爲我們幾乎沒有辦法控制這世上發生的事情。關注投入程度（而非結果）能減少失望，我們也就能再次嘗試。

溫特也發現自己花了太多時間修補程式漏洞，這是一項**低價值**的任務。他知道，當這麼做能對用戶有幫助時，自己就會更喜歡修補。所以他專注於先完成功能，並得以向用戶發布最初的預覽版本（alpha release），不但具有更高的**價值**，還能減少抵達下一個里程碑的

延遲。最後，爲了控制自己的**衝動**，他把最有效率的早晨拿來寫程式，否則時間就會被電子郵件或其他分心的事浪費掉（例如，只在午餐後開信箱）。

溫特的方法成功了。他記錄自己每天花在任務上面的時間，並設計了一個遊戲，設法超越之前的平均工作量。因此，每天工作的時間越長，每小時完成的事情就越多，工作的樂趣也越多。

他決定更有野心一點，看看自己一星期能工作幾小時。在過去的兩個月裡，他平均每天工作九小時，但在這特別專注的一週裡，達到每天十二小時的紀錄，共計八七．三小時。爲了進一步減少自己的衝動，溫特錄製並發布了一部縮時影片，拍的是他的螢幕和臉孔。把自己要做的事告訴朋友們，就等於建立一個不想打破的承諾，同時也抑制了衝動，因爲他不想讓別人看到他浪費時間瀏覽會分散注意力的網站。

在這個過程中，他不但達到了不可思議的高生產力，也沒有疏於追蹤其他目標。除了工作八十幾個小時外，他還參加了五次社交活動、平均每天做一二五個伏地挺身，在有記錄的這段日子裡，他每天都給女友一〇〇%的甜蜜。隨後，他在自己的極客戰記專案中進行了同樣的一週實驗，「工作時間爲一二〇．七五小時」。

生產力誘惑

看到溫特那篇每週工作一二〇小時的文章時，我既驚愕又好奇。就如文章底下的第一篇評論所表達的：「搞什麼，你是白癡嗎？我這週的目標是看看自己能不能連續五天不小便。這到底有什麼意義啊？比起看你能不能工作到暴斃，你一定還有更好的事情可以做吧？」

而我感到好奇的是，溫特顯然很享受這種實驗。

他平均每天工作一七．二五小時，其中六．三八小時用來睡覺，花二十二分鐘吃飯。然而他非常認眞記錄的快樂指數一直很高：滿分爲十分，平均爲七．〇三（「棒極了！」），精力指數是六．六四（「對我來說很高」），健康指數是五．三三（「還算可以」）。還有一些網友對這項實驗和他獲得的見解表示讚賞。編寫程式非常需要專注思考，而且若有專注力和動力，就能完成很多事情。有些網友問溫特使用的是什麼方法，以及如何錄製那樣的縮時影片。也有人警告溫特，要「趁這些東西還在時好好享受」，因爲隨著年齡增長，專注變得越來越困難，尤其是有了孩子之後（溫特後來成爲兩個孩子的爸，我也將在後續章節中再回到這一點）。

溫特很顯然駭了自己的生產力，但其他人很少如此成功。有些人甚至懷疑，這些修補是否只是另一種拖延？但我們應該問，這些方法中，到底有多少是基於可靠的科學？

許多生活駭客都喜歡一句格言，一般認爲是出自林肯總統：「如果我有五分鐘砍倒一棵樹，我會把前三分鐘拿來磨利斧頭。」雖然幾乎沒有證據支持林肯說過這句話，但生活駭客網站在二〇一一年響應了此一說法：

在成爲美國歷史上最重要的總統前，林肯是一位技巧純熟的伐木工人，字面上和比喻上可能都有這個意思。低效率的工具會浪費你的精力，最好把大部分時間花在尋找和培養適合達成任務的最佳工具上。如果是室內工作，「磨利斧頭」可能包括設置郵件篩檢程式、安裝擴充工具與提高效率的軟體、進修上課、攝取能提高腦力的正確飲食，或是精煉你最重要的工具——大腦，這些都能幫助你工作得更有效率。

儘管這種觀點被用來證明生活駭客花費在系統化、實驗和調整上的時間是合理的，但許多人認爲，這樣浪費的時間比節省更多。梅林．曼恩，四十三個資料夾的創始人，早在二〇〇五年，他就拿「生產力 p0rn」[12]一詞開玩笑：「這是一個嘲弄的語詞，其狂熱（甚至癡迷）的使用者經常親暱地運用。它通常意味著，一個人意識到並不是所有的生產力誘惑都能帶來實際的生產力……無論如何，『四十三個資料夾』的許多網友（包括它的作者）

都承認他們對生產力誘惑上癮。」

到二〇〇八年，這種喜愛變得苦澀：曼恩對生活駭客的膚淺感到失望。因此，他決心減少所謂「我製造也使用的那些只完成一半、只有用一半、只想了一半的東西」，確實把事情做得更好。到該年年底，他已大幅減少在四十三個資料夾的發文，並在二〇一一年完全停止發表文章。

比較近期的是海蒂·沃特豪斯，一位科技作家、母親和部落格主，她把這種偏好稱爲「愛撫過程」。在二〇一五年一次關於「我們其他人」（即女性、父母和照顧者）的生活駭客演講中，沃特豪斯談到了自己如何將軟體工作流程應用在生活中，尤其是她的嗜好，也就是將敏捷原則帶入針線手工藝裡。她提出警告：「如果你每天花超過一個小時讀時間管理的書，那你已經失敗了。」這甚至成爲了網路漫畫XKCD[13]的主題（見圖4），在極客間很受歡迎。漫畫裡畫了一個五年的時間框架，而標題寫著：在你終於讓某項日常任務變得

---

12 故意把意指色情或性誘惑的「porn」拼錯，以避免被搜尋引擎分類為色情內容。

13 由蘭德爾·門羅（Randall Munroe）創作的網絡漫畫。題材多樣，包括生活與愛情、數學與科學幽默、簡單的幽默和流行文化等，人物則多是簡單的火柴人。

在你終於讓某項日常任務變得更有效率之前，浪費了多少時間？（五年內）

省了多少時間 ＼ 執行任務的頻率	50/天	5/天	每天	每週	每月	每年
1秒	1天	2小時	30分	4分	1分	5秒
5秒	5天	12小時	2小時	21分	5分	25秒
30秒	4週	3天	12小時	2小時	30分	2分
1分	8週	6天	1天	4小時	1小時	5分
5分	9個月	4週	6天	21小時	5小時	25分
30分		6個月	5週	5天	1天	2小時
1小時		10個月	2個月	10天	2天	5小時
6小時				2個月	2週	1天
1天					8週	5天

圖4　蘭德爾．門羅（Randall Munroe），「值得花這些時間嗎？」，XKCD, 2013, http://xkcd.com/1205/。

更有效率之前，浪費了多少時間？

披上科學的外衣

很明顯的，「磨利斧頭」可能變成一種拖延的方式。當然，我們不用砍樹，而是用創新的方法和材料來改進刀刃。但哪一種特定的工具或方法是真正有效的？就一般的自我成長方法來說，當我們發現某些說法缺乏充分根據時，並不會因此感到驚訝。例如前面開玩笑提到的：憋尿真的能提高生產力嗎？

基於一系列可疑的研究，生活駭客網站確實這麼認為。〈提高工作效率的最佳身體技巧〉這篇文章建議你：「把拇指放在嘴裡，吹氣，可減輕壓力。」「嚼口香糖或咖啡攪拌棒來集中注意力。」「重要對話時使用右耳。」其中最著名的是「控制你的膀胱來降低衝動的決定」；也就是說，開會前先喝一大口水，這樣的話，不要尿褲子的決心就能全面發揮出來。

這篇貼文是個很好的例子，讓我們看出當代研究、報導，以及根據這些內容而產生的個人成長建議所面臨的更大問題。最近有一篇惡作劇研究，得出「吃巧克力能加快減重速度」的結論。該研究有眞實的受試者（雖然只有十四人）、一個典型的方法（而且容易出現僞陽性）、一個具有統計意義的結果（但影響很小），而且由一本有嚴格同儕審查的期刊所發表（出版者如是說）。這是一項很不可靠的研究，最好忽略它，但許多新聞網站將這項發現當成事實來報導，揭示了科學嚴謹性和新聞審查方面的問題。

爲了衡量這個問題的嚴重程度，目前正在進行一些努力，重新審查那些常被引用的經典研究。這個「可再現專案」由數百名研究人員合作，重複執行來自頂級心理學期刊的一百項研究，但能成功再現的僅有三十五項。另一種方法是「可重複指數」（Replicability-Index），它用整合分析[14]來結合現有的研究資料，從而揭發虛假的結果，當中正好包括鮑梅斯特著名的動機自我損耗理論；但鮑梅斯特仍相信他關於血糖的方法和結論非常完善。

這群改良者認爲，研究人員擁有的自由度太高，所以能把研究引向具有統計學意義的結果。統計學上所謂的p值代表的是一項新發現偶然發生的可能性，其顯著水準的上限通常是五%（意思是，當研究結果發生的機率低於此值時，可視爲此假設不成立）。然而，這個數值只有在測試單一假設的情況下才有意義，而**不是**在多個變數之間尋找結果。舉剛剛的巧克力實驗來說，這項研究對十四個人進行了十八項測量：血漿蛋白、膽固醇、睡眠品質、體重、健康狀況……透過這些測量數據的蒐集，研究人員有六〇%的機會發現看起來就像具有五%顯著水準的東西。不管研究人員是無意欺騙自己或有意欺騙同儕，這種行爲被稱爲「p值駭客」可說恰如其分。

也由於期刊只發表新發現，使得p值駭客的問題變得更加複雜。每一項令人矚目的研究結論（例如「巧克力能加速減重」），都會有許多結果完全相反，卻從來沒有發表過的研究。這種出版偏誤（publication bias）扭曲了我們對世界的理解，並助長了毫無根據的個人成長建議。有一種方法是，研究人員在蒐集任何資料前，要先登記其假設和研究方法，這樣就能限制研究人員在進行分析時的自由度。此外，即使是與假設相反的發現也應該發表，以避免出版偏誤。

在這些改進成爲常態前，研究人員的處境堪憂，尤其是當他們向大衆提供建議時。《恆毅力》和《正向思考不是你想的那樣》兩本書的作者，都曾因搶占勵志市場而提出貌似科學卻毫無根據的聲明，並受到批評。

這種擔憂甚至在兩位論文合著者之間造成分歧。在一場非常有名的TED演講「姿勢決定你是誰」中，哈佛商學院教授艾美．柯蒂（Amy Cuddy）談到了自己與戴娜．卡尼（Dana Carney）和安迪．葉普（Andy Yap）共同進行的研究。這場演說開頭是「要當一個免費的非科技生活駭客，唯一需要做的就是：改變你的姿勢，並維持兩分鐘」。

柯蒂和她的合著者發現，只要擺出「權力姿勢」（也就是自信的姿勢）並持續兩分鐘，就能增加自信、承擔風險的程度、睪固酮，減少壓力荷爾蒙皮質醇，還能改善一個人在壓力評估情境（比如工作面試）中的形象。這表示身體會改變思想，思想會改變行爲，而行爲會改變結果。這項「非科技生活駭客技巧」不只想假裝到你成功爲止，而是直到你成爲這樣的人。柯蒂要求觀眾把這個訊息分享給其他人，尤其是那些最沒有資源、權力和特權的人，因爲它可以顯著改變人生的結果。

柯蒂的演講和隨後出版的書籍皆大受歡迎，但那些想在其研究基礎上再現這項結果的

14 簡單來說，整合分析（meta-analysis）就是將許多研究成果整理出一個總結論。

人卻成效甚微。幾年後，柯蒂的合著者戴娜・卡尼做了不太尋常的事，她解釋自己爲什麼不再教導、研究或向大眾講述權力姿勢。無法再現研究和自己對實驗缺陷的理解，使得卡尼得出結論：這項效果是不眞實的。由於卡尼進行了大量的資料蒐集和分析，讓她能坦率揭露自己和同事們犯下的許多錯誤。在研究設計中，睪固酮增加可能是得到小獎勵的結果，而不是姿勢帶來的。在他們的分析中，他們忽略了數據，選擇性地刪除異常數值，只報告了能凸顯顯著水準的統計（也就是說，他們當了p值駭客）。

在回應卡尼這番話時，柯蒂承認，儘管在最嚴格的重複嘗試（研究方法已登錄）中，並沒有發現行爲和生理上的變化，但它驗證了受試者認爲自己**感覺**更強大的報告，行爲和生理變化則是「次要的關鍵效應」和繼續研究的主題。問題是，人們的自我評估是出了名的不可靠。受試者所回報的，往往是自己想相信的事情。如果這實驗唯一的發現是感覺上的改變，那麼它根本不值得成爲TED演講主題、生活駭客技巧或新的自我成長方法。

這個問題的一部分，可能就是想站上TED的講臺。二〇一二年，TED組織被迫就TEDx活動中不斷增加的僞科學發出警告。二〇一五年，喜劇作家兼演員威爾・史蒂芬（Will Stephen）做了一場「如何聽起來很厲害」的演講，開頭是這樣的：「我完全沒有什麼東西好講的。但透過說話的方式，我會讓它看起來好像有話可說，彷彿我要說的事情非常厲害。也許，只是也許，你還會覺得自己學到了什麼。」這種諷刺性質的模仿呼應了幾年前的一場辯論，當時許多人批評TED提供的解決方案和安慰劑差不多，是中等素養者的超大型資訊娛樂節目，解決問題的方法太過簡單，儘管鼓舞人心，卻收效甚微。

同樣的批評也指向生活駭客，尤其是費里斯。一篇著名文章的作者指出，費里斯的書中有些部分聽起來就像《洋蔥報》[15]對TED演講的諷刺，另一個人則將他的演講描述爲喜歡讀《連線》、試用各種應用程式的書呆子企業家，而他的散文則是北加州特殊用語（費里斯經常使用）和TED演講術語的結合。

很多生活駭客建議都是基於已發表的研究，但這些研究的品質有問題；更糟糕的是，有很多東西都只是譁衆取寵，懷疑論者稱爲披著科學外衣的虛假信念，就連生活駭客也難以抵抗它的誘惑。幸運的是，目前的混亂意味著科學仍有能力改進。生活駭客必須有能力分辨假科學、弱科學和嚴謹科學之間的區別——透過雙耳傾聽。

---

15 《洋蔥報》（*the Onion*）是美國一家擁有報紙和網站的新聞機構，以諷刺其他報導文章而聞名。它們評論的事件有真實的，也有虛構的，往往透過對傳統新聞形式的誇張模仿來取悅觀眾。

懲罰也是一種動機

身為一名駭客和學習類應用程式的開發者，溫特很自然地運用了另一款程式，幫助他達成高到不可思議的生產力。目前有數千款程式可進行目標追蹤、繪圖、養成習慣、閱讀每日勵志名言，甚至是催眠。由於添加了社交和遊戲功能，這類程式變得特別受歡迎。你現在還可以加入小組挑戰（跟附近的人或虛擬人物），並接受鼓勵和指導。

你也可以把自己的目標和角色扮演連結起來。例如在一款遊戲化的習慣養成程式「習慣性」（Habitica）中，吃垃圾食物會讓你所扮演的遊戲角色失去生命值；做十下伏地挺身，則能獲得金幣和經驗值。溫特用的是蜜蜂護衛，它自稱「奧德修斯式目標追蹤」，指的是奧德修斯命人將他綁在船桅上的神話。蜜蜂護衛要求你把自己「綁」在一組不斷增加的罰款上：忘記用牙線清潔牙齒？你剛剛損失了五美元，接下來就是十美元、然後三十元、九十元、兩百七十元……不斷增加。

蜜蜂護衛並不是唯一這樣做的應用程式，但它是最極客式的。例如耶魯大學經濟學家們的流行選擇「堅持契約」（stickK），也是這種類型的程式。蜜蜂護衛和堅持契約都確實會收取用戶違背承諾的罰款，其中，堅持契約能讓用戶指定不同的受益人；但即便如此，程式開發商仍會從中抽成。乍看之下，這似乎有些奇怪，但我和一些用戶聊過，他們並不覺得這會帶來困擾，反倒認爲這是在爲一項實用的服務付費。

蜜蜂護衛是丹尼．里夫斯（Danny Reeves）和貝瑟妮．梭爾（Bethany Soule）的作品。里夫斯擁有計算機賽局理論博士學位，之後任職於雅虎，研發激勵系統。梭爾擁有機器學習的碩士學位，經常公開談論她瘋狂的自我量化生活駭客技巧。

蜜蜂護衛是爲意志力不足者設計的，這些人想做一些可以實現的事情，但又很難堅持到底。很多生活駭客都說，要記得天天用牙線潔牙很難，這就是一個完美的蜜蜂護衛目標：它有價值，而且絕對可行。相較之下，成爲一個太空人是很有價值沒錯，但不太可能實現。正如謝林幾十年前所建議的，蜜蜂護衛透過懲罰，激勵用戶實現他們想要且可行的目標。

想想A．J．賈各布斯的例子，這位作家把自己的生活外包出去，再把長達一年的實驗變成暢銷書，比如閱讀《大英百科全書》和按照《聖經》生活。在《管他正統或偏方，就是要健康》一書中，做爲實驗的一部分，賈各布斯決定戒掉吃芒果乾，儘管它們「表面上看起來很健康，但其實只是橘色的糖」。他簽了一張給美國納粹黨的支票，並告訴太太，只要他再吃一口芒果乾，就把支票寄出去。賈各布斯成功了，蜜蜂護衛也是利用類似的方式，將人們對損失金錢的反感包裝在網路服務底下。

訂定目標後，蜜蜂護衛會建立一條每日里程碑的路徑，稱爲「黃磚道」。這個概念是，如果你每天都邁出一小步，就更有可能實現長期目標；每次「出軌」或偏離路徑，你就得付出快速增加的罰款。你可以選擇平坦的路徑（每天至少用牙線潔牙一次）或逐漸爬升的挑戰（從每天寫三百字增加到一千字）。蜜蜂護衛的宗旨在於提供「有意義的承諾和最高的靈活度」。隨著罰金的增加（五、一〇、三〇、九〇、二七〇、八一〇，到二四三〇美元，目前最高罰款金額爲八一〇美元），你做出的承諾會變得「越來越有意義」。

它的靈活性在於可以自己設定里程碑上升的速度：「蜜蜂護衛的意義，就是要你承諾自己必須達成黃磚道上的每一個數據點，但路徑的坡度由你控制，外加一星期的延遲。」蜜蜂護衛稱這延遲的一週爲「無法自制的水平線」，讓你遠離立即向下調整目標的誘惑：「這是一段緩衝時間，好讓你能做出理性的決定，而不會被薄弱的意志力拉走。」選擇懲罰計畫是爲了讓你盡快達到「激勵點」，如此一來，你絕不會浪費超過一半的罰金，而這最終能激勵你維持在正軌上。

我在蜜蜂護衛野餐會上遇到的軟體工程師尙恩．費羅斯（Sean Fellows），利用這款應用程式來執行許多日常任務，比如幫植物澆水、運動、打電話給親戚、幫他的狗刷牙，還有傳照片到媽媽的數位相框。

費羅斯最欣賞的是蜜蜂護衛與網路服務平臺「如果是這樣，那就是這樣」（IFTTT）的整合，這個平臺允許使用者編寫指令，整合不同的服務和設備。例如你的手機可以自動告訴蜜蜂護衛，你是否去了健身房（透過衛星定位）、打電話給父親（透過撥號程式）、運動（透過加速儀）、完成緊急任務（透過相關應用程式）等。費羅斯以最小額度來管理他的目標，從未支付超過三〇美元的罰款。而且，非常符合駭客精神的一點是，他透過一堆指令和一個蜜蜂護衛目標，來管理另外好幾個蜜蜂護衛目標。

溫特用蜜蜂護衛做爲不涉及罰款的目標追蹤器，以及可能要支付高額罰金的激勵手段。如前面所說的，在開發「腳步」時，動機方程式對溫特很有效。因爲發表日期是固定的、溫特的財務狀況岌岌可危，而他又喜歡程式設計。雖然他沒有爲這個目標設定一個承諾金額，但仍使用蜜蜂護衛來追蹤自己的努力。溫特最初設定了一個謹慎的目標，並成功地將自己拿來編寫程式的時間從每天一．三小時增加到二．七小時。這顯示他的確能進步，但不夠，所以他將目標增加到每天五小時。在追求蜜蜂護衛目標的前三個月裡，他總「在偏離目標的邊緣徘徊」，因爲他「只要再一天就會失敗」。最後，他利用動機方程式創造出了成功螺旋，輕鬆超越了自己的目標。

不過溫特其他的目標則有可能害他賠錢。當我告訴溫特，我對他很可能成爲工作狂表示擔憂，也覺得設定社交和女友目標好像有點奇怪時，他承認，工作是他的自然狀態，所以把其他事情加到蜜蜂護衛裡，其實是爲了避免做太多工作而無法平衡。「只關注工作效率是很危險的，因爲你絕對會把自己變成一個工作怪物。」

溫特有一個不太尋常的目標是跳傘，他請蜜蜂護衛的員工設定七二九〇美元的罰款，如果他沒能做到，就要繳交這筆錢。令人驚訝的是，這其實也沒那麼不尋常。這個應用程式的進階用戶可縮短標準計費的時間，設定更高的罰款（通常從五美元起算）。這不僅增加了溫特的動力，也減輕了他對跳下飛機的焦慮。他抵押了幾千美元、買下特定日期的跳傘券、告訴他所有的朋友和同事，並在一篇書稿裡寫下了這件事：「既然我已預先做出遠超過必要程度的承諾，我確定自己一定會成功跳下飛機。我不再害怕了，而且感到非常興奮。」最後，他發現自己並不喜歡跳傘，也覺得不會再跳了，但他成功地擋掉了所有可能出現的意志動搖狀況。

對溫特來說，一旦發現是意志力的問題，就表示自己還沒把動機最大化，蜜蜂護衛則為費羅斯和溫特這樣的人提供了一種機制，讓他們可以達成目標。使用者當然可以透過欺騙和偽造資料來避免罰款，但選擇使用蜜蜂護衛的人是他們自己，當然不想搞砸自己的紀錄（使用者通常會使用自動化設備來記錄身體數據、睡眠與運動監測），而且他們也想繼續從這項服務中獲益。沒錯，當你沒能達成某個目標時，蜜蜂護衛確實能賺到錢，但正如蜜蜂護衛官網上所說的：「我們**減少了**你失敗的次數！」

迷宮裡的老鼠

溫特每週工作一二〇小時，這是否預示著令人不安的未來？他的「瘋狂週」是個人挑戰，是由一位具有極高自主權的駭客發起，但這對其他人又代表了什麼意義？他在自己身上進行了動機駭客的測試，但如果雇主們開始期待員工能有這樣瘋狂的動機，從而迫使他們開始互相競爭，又會代表著什麼呢？這讓人忍不住想到在迷宮中瘋狂奔跑的老鼠。

老鼠賽跑的概念起源於二十世紀早期的心理學實驗。其中最著名的一個開始於一九二九年左右，羅伯特・特里昂（Robert Tryon）和他的學生們飼養齧齒動物，並將牠們分爲「聰明的」和「遲鈍的」跑迷宮者。他們讓那些會避開已知是死路的老鼠互相交配，另外一群那些運氣不好的老鼠也同樣照做。在一項研究中，特里昂想測試先天和後天的作用，所以他讓一些遲鈍的母鼠養育聰明的幼鼠、讓聰明的母鼠養育遲鈍的幼鼠。數據上的差異相當明顯：先天（遺傳）勝於後天（養育）。

順便一提，幾十年後，羅伯特・羅森塔爾（Robert Rosenthal）和一位同事注意到，這個實驗並不是盲測，特里昂和他的學生知道哪些老鼠屬於哪一組。羅森塔爾要求他的學生重現這項研究，並告訴學生，他會提供聰明和遲鈍的老鼠，但羅森塔爾其實只是隨機將老鼠分爲兩組。令人驚訝的是，學生說「聰明」的那一組表現得比較好。羅森塔爾認爲，這是因爲學生們對結果有偏見，他們更偏向那些被類爲聰明的老鼠。這和我之前提到的可重複性問題很類似，也更進一步說明了欺騙自己是多麼容易。

早在一九五〇年代，「老鼠賽跑」一詞就出現在流行文化中，用來形容人們在看不見的力量要求下，心力交瘁地追求成功。生產力駭客也在讓這種狀況加劇嗎？

長期以來，人們一直在抱怨資本主義迷宮的結構。在其最近的形式中（不同批評家分別稱爲晚期資本主義、新資本主義、數位資本主義或認知資本主義），吸收那些心靈雞湯，只會讓它聲稱要消除的焦慮更加持久。

這是米琪．麥吉（Micki McGee）在二〇〇五年出版關於勵志文化的書《自助股份有限公司》中提出的觀點。這種焦慮來自於我們的文化幻想出一種自由、對一切事物瞭如指掌、理性、可控制的自我，這種幻想創造了無盡且徒勞的自我成長可能性。勵志大師們透過「召喚出無窮無盡的不完善」，助長了這種焦慮，導致勞工們陷進一種新型的奴役：進入一個自我根本沒成長，卻掉進無盡折磨的迴圈。

儘管麥吉沒有提到生活駭客，但她想像中的自我提升者聽起來正符合這種特質。同樣的，馬修．湯瑪斯在他討論生活駭客歷史的書中總結道：「駭客被當做網路時代所引起群體焦慮的解決方案。」就其本身而言，它是一種科技形式的自我成長，在這種形式中，我們想要利用科技來掌握自己，用更少的東西完成事情，卻忽略結構性條件、忘記過去，並且不斷工作、工作、工作，讓自己像個優秀的小機器人一樣更有生產力。對批評者來說，動機駭客就是機器人裝配線上的其中一站。而大師們對提高效能和效率的承諾，只會帶來更多的限制和奴役。

現代生活充滿挑戰，而且往往很不公平，這也是一個因競爭而焦慮的時代。我們可能的反應是士氣低落或玩世不恭；找出一個局部性的解決辦法，或建立一個整體性的替代方案。雖然大師們販賣如何贏得競爭的書籍，但大多數生活駭客的應對方式，都是透過分享局部性的解決方案，來解決常見的問題。大多數人最終會發現生產力誘惑和程序愛撫的危險。很多生活駭客都意識到平衡工作和生活的重要性——即使像溫特那樣，透過應用程式來追蹤社交和戀愛目標。有些人甚至找到了當前社會系統的替代方案（儘管它們往往很牽強，還涉及高科技），例如用比特幣來分配全民基本收入。

當然，數位時代支持並獎勵駭客精神，而且將來可能會被公認為成功之道。如果不提高自己的動機，就會被甩在後面。因此，確認一下哪些生活駭客技巧真的有用、這條路是否適合每個人，以及是否有更大規模的解決辦法也算值得。但我們很難責備那些試圖在激烈競爭中保持領先的人，尤其是當他們享受在迷宮中奔跑的感覺時。

溫特確實讓事情變得很極端。對某些人來說，這是感受並生活在這世界上的一種自然方式。如果他想挑戰從飛機上跳下去，那就這樣吧；而且溫特喜歡工作，喜歡寫程式。他知道大多數人都不太喜歡工作，但他認爲，如果人們把自己眞正想努力的事情塞滿整個星期，或許就會有更多人喜歡工作了；畢竟《一週工作四小時》眞正的目標，是把時間花在自己認爲重要的事情上。儘管這看起來像是「一件古怪而非典型的事……其他人確實喜歡瘋狂工作期間的那種專注度……無論是一週，或者只有一個週末」。

這群人也包括蜜蜂護衛的共同創辦者貝瑟妮．梭爾。她模仿溫特的「瘋狂週」，在她的先生兼共同創辦者帶著孩子們去加拿大待一星期時，她上傳了自己的縮時攝影。雖然沒像溫特的一星期那樣「壯觀」，但梭爾說自己「從中收穫了很多，比一般的工作週更讓人享受，而且我打算再做一次。這個夏天和丈夫一起實驗非傳統的工作時間安排，一定會很棒。也許可以用幾星期的高強度工作來代替幾星期休假之類的」。

對於像溫特和梭爾這樣熱愛工作的聰明創業者來說，提高生產力是提高工作滿意度和靈活性的一種方式。然而，在最佳或瘋狂的程度上，駭客必須謹愼小心，確保它能與人際關係和家庭義務共存。正如我們在前一章看到的，即使多階段睡眠能讓人在一天中有更多時間可用，它的行程要求也很難配合外頭的社交世界。同樣的，如果拚了命提高生產力（尤其是在追求物質成功的過程中），很可能會導致不平衡和嚴重倦怠，這就是下一章的主題。

5

物品駭客

關於擁有的兩難

駭客們尋求捷徑，有時是爲了不尋常的目的。例如，泰南走了一條與大多數人不同的道路：從大學輟學，後來成爲職業賭徒、把妹達人、軟體開發人員和作家。他學會用德沃夏克鍵盤打字，還兩度嘗試多階段睡眠。儘管生活儉樸，他還是扔掉了許多硬幣——一年累積起來不過幾美元，不值得他費心神。

泰南也喜歡旅行，有許多年，他的家是有輪子的。他所寫的《遊牧生活》和《最小的豪宅》描述了他的生活哲學和實踐方式。在第一本書中，泰南討論了生活在露營車中的哲學：「極簡主義本質上是讓人免於過度，要找到比住在不到三坪大的露營車裡更極簡的生活方式應該很難。房租、房屋維護、清潔、吸塵和家具等生活瑣事所帶來的心理混亂消失無蹤。」

在《最小的豪宅》中，泰南則提到生活在露營車中的實際問題，比如取得水電和處理垃圾等。經常有人問他這種生活方式是否影響約會：「我的一個建議是，早點跟對方講清楚，告訴他們你不是因爲無處可去，才被迫住在露營車裡，而是刻意選擇充滿自由的極簡生活。」

關於我們的生活，講一個引人入勝的故事給別人，也給我們自己聽，如此一來就能賦予它意義。生活駭客和家當的關係也是如此。當大衛．艾倫在《搞定！》裡談到處理「雜事」時，他指的是占據大腦的未完成任務。不過物質也會占據心靈。無論你的生產力有多高、做事多有條理，都需要付出心力來獲得並維護自己的財物。因此，有些擁抱極簡主義的生活駭客把家當控制在最精簡的狀態，再加上科技的輔助，讓他們得以成爲數位遊牧者，無論走到哪裡，都能帶著他們的工作、社交網路和娛樂。

當生活駭客談論他們與物品的關係時，通常包括兩個部分，其中一個是必不可少的裝備，另一個則是他們如何拋棄其他所有東西。在這些故事中，經常出現**禪**——這種概念強調簡潔的美學，並由蘋果公司的賈伯斯發揚光大。賈伯斯年輕時曾潛心研究佛教，雖然他並不以慈悲爲懷聞名，離無我的境界似乎也相當遠，但禪符合他的審美觀（有一張著名的照片，是年輕的賈伯斯盤腿坐在地上，身邊是蒂芙妮的立燈，這是唯一配得上他那空蕩豪宅的家具）。可想而知，大多數生活駭客都喜歡蘋果的美學和產品。像是「四十三個資料夾」「禪習慣」和「極簡麥金塔」這幾個部落格，都有幾十篇關於麥金塔電腦的文章。泰南是個明顯的例外，他不是果粉：他在二〇一二年選擇的筆記型電腦是華碩的產品。

即使對禪的引用很膚淺，這些行爲仍表明了生活駭客想要的不只是小技巧或小訣竅。駭客精神揭示了駭客如何理解和處理更大的問題，比如物質方面的滿足，而他們也很樂意與他人分享相關的建議和哲學。透過他們訴說的故事和提出的問題，我們可以學到許多有關當代生活的事。例如，在一個財富不平等、其他人幾乎沒有選擇的社會中，選擇「一種充滿自由的極簡生活」代表什麼？要回答這個問題，我們首先要認識生活駭客的文化史。

透過清單塑造自我

極簡主義的一項原則是：如果你依賴某些東西，那它們應該要很可靠。泰南在《遊牧生活》中寫道：「享受這個神奇世界的最佳方式，是透過少數但高品質的消費。」生活駭客講述自己與物品的關係時，常會提及如何尋找好的裝備。例如生活駭客網站展示了裝滿有用物品的包包和工作空間，有些人也會貼出自己的裝備清單。泰南自二〇〇八年起便一直這樣做——他常常稱讚羊毛衣物的優點。

一份好的線上裝備清單有個共同架構，就是每件物品都會附上圖片和個人意見。有些清單會用兩張照片來表示，一張是把所有物品全部放在一個平面上，另一張則是把所有東西打包後的樣子。如果在旁邊放上電商平臺的連結，那麼推薦商品一賣出，作者就可以獲得佣金。泰南的清單就非常棒：「我推薦的每一款產品，絕對是同類產品中最好的，如果不是的話，我就不會使用它了。」

雖然裝備清單已在網路世界迎來極盛期，但歷史上還是有最先這麼做的人。在《湖濱散記》中，梭羅列出了他在簡單生活實驗中使用的日用品和食品，使他成為生活駭客們的最愛。在梭羅購買和搜尋到的物品中，他花了八．〇三美元（再加一．五美分）在小屋要用的木板上，這些木板來自一名鐵路工人的家，拆下之後再重新運用。

泰南沒有提過《湖濱散記》，但他的描述與梭羅很相似。泰南花了大約兩萬美元，買了一輛一九九五年的福斯露營車，他在裡面安裝了一塊花崗岩檯面，是從要價兩百美元的石板上切下來的。在他們的改造中，梭羅和泰南在意的都不是奢華，而是價值；二手商品和親自動手，則是獲得它最好的方式。

還有一個比較近期的裝備清單先驅，是一九六八年起出版的刊物《全球型錄》，這本「型錄」中推薦了一些工具和書籍，給想要自給自足與更廣闊前景的人。創辦人史都華・布蘭德（Stewart Brand）曾是史丹佛大學的生物學家，並曾在美國陸軍服役，但最為人所知的，是他對世界的看法。發行這本型錄的前幾年，布蘭德發起了一項活動，要求美國太空總署（NASA）公布自太空拍攝的地球照片，認為這張照片將顯示出人類相互依賴的關係。NASA公布照片後，他便將這張照片做為型錄的封面和吉祥物。

除了閱讀線上版《全球型錄》外，要欣賞布蘭德這種興趣的最佳方式，是透過佛萊德・泰納（Fred Turner）的作品《尋找新樂園：只用剪刀漿糊，超越谷歌和臉書的出版神話》。書中討論了應用數學家諾伯特・維納（Norbert Wiener）的控制論、建築師暨哲學家巴克敏斯特・富勒（Buckminster Fuller）的「綜合設計師」、教育家馬歇爾・麥克魯漢（Marshall McLuhan）的「地球村」、他自己與其他藝術家組成的先鋒媒體藝術組織「我們的公司」

（USCO），以及快樂搗蛋者（Merry Pranksters）迷幻藥公路旅行⑯……的影響。布蘭德將他兼容並蓄的興趣融入於人類進步的整體願景，並創造了讓這些願景成爲現實的空間。

雖然布蘭德關注的都是反主流文化，不過他總是保持著整潔的外表，並對自己擔任步兵軍官時所學到的東西深表感激。他深知，無論打交道的對象是士兵或嬉皮，你都必須充分利用自己所擁有的一切。布蘭德的組織能力讓他得以扮演反主流文化企業家的角色。他能看出萌芽中的趨勢，並給予它們空間和凝聚力，就像他在一九六六年擔任舊金山迷幻之旅（Trip Festival）協辦者時所做的。那場爲期三天的節慶是嬉皮運動的第一次大型活動，表演樂團是「死之華」，以迷幻藥和迷幻燈光表演爲特色，有數千人參加。

《全球型錄》爲那些尋求另一種生活方式的人提供了另一個空間——當時根本沒有人談論什麼生活方式設計。《全球型錄》的副標題是「取得工具的管道」，收錄的標準則是實用。物品應該要有用、進一步讓人得以自給自足，並能提供價值；或是雖然沒有多少人知道，但可以透過網購輕易買到。它宣稱的目的很宏大：「我們就像神一樣，所以不妨習慣它吧。」權力正從學校、教會、企業，和政府等正式機構中轉移出來，因此個人現在可以「進行自己的教育、尋找自己的靈感、塑造自己的環境，並與任何感興趣的人分享自己的經歷。這種人聽起來就像生活駭客。

儘管它的名字叫《全球型錄》，但它不只是一份裝備清單。一般來說，羅列在型錄中的東西其實都是概念，而五十年前布蘭德最喜歡的概念，就是系統。從一九六八年到一九七二年，每一期《全球型錄》都有一個專欄講述「理解整個系統」——這與當今駭客的動機是一樣的。《全球型錄》的其他部分可做爲生活駭客的分類：住所與土地使用、工業與工藝、通訊、社區、遊牧和學習。

生活駭客們和布蘭德一樣，相信概念／想法是強大的工具。這一點在費里斯的《人生勝利聖經》中更是明顯。費里斯寫道，世界級的表現者並沒有超能力，至於是他們爲自己制定的規則，讓現實在某種程度上產生了扭曲，所以看起來好像有超能力。而他在書中給的承諾是，如果這些人生勝利組能學會做到這一點，你一定也可以。不論是布蘭德或費里斯的讀者都喜歡小工具，但他們最有力的工具是想法，尤其是與系統和如何利用系統規則有關的東西。

16 快樂搗蛋者是小說《飛越杜鵑窩》作者肯・克西（Ken Kesey）的追隨者。克西在一九六四年展開一場充滿迷幻藥的公路之旅，快樂搗蛋者也參與其中，並用膠卷將這段旅程拍攝下來，但直到二〇一一年才公諸於世。

加州意識形態與創客文化

史都華·布蘭德很快就發現「電腦及其程式是工具」，他在一九八四年出版的《全球軟體型錄》創刊號這樣寫著。最重要的是，個人電腦可以連成網路。一九八五年，他再度扮演反主流文化企業家的角色：與其他人共同創建了「全球電子連結」（WELL），這是一個舊金山地區的電子布告欄系統（BBS）。WELL是許多後來被稱為**數位菁英**的網路家園，這些人同時也是擁護網路革命的作家和企業家。

然而，儘管用到了革命一詞，布蘭德卻認為網路空間是一九六〇年代反主流文化的延續。他在一九九五年發表在《時代》雜誌的一篇文章〈一切都要歸功於嬉皮〉中提到，嬉皮「為無人領導的網際網路，並為整場個人電腦革命提供了哲學基礎」。並不是所有嬉皮都像布蘭德一樣熱衷於電腦，但他認為這些人的反威權主義和對相互依賴系統的欣賞，是其後發展的基礎。

然而九年後，二〇〇四年，兩位歐洲學者卻對同樣的哲學基礎表示遺憾。英國媒體理論家理查·巴布魯克（Richard Barbrook）和安迪·卡梅隆（Andy Cameron）在一篇討論得沸沸揚揚的文章中提出警告：「來自美國西海岸的作家、駭客、資本家和藝術家所組成的鬆散聯盟，成功地爲即將到來的資訊時代定義出一種駁雜的正統觀念。」他們將數位菁英的這種「加州意識形態」定義爲「控制自由主義的反中央集權主義福音：嬉皮無政府主義和經濟自由主義的怪異混合體，再輔以大量的科技決定論」。儘管他們對尋找歐洲替代方案的呼籲軟弱無力，但這可說是一次敏銳的意識形態剖析。

布蘭德將一九六〇年代的反主流文化，與八〇和九〇年代的網路文化連接起來；凱文・凱利（Kevin Kelly）則將加州意識形態的火炬帶進了新千禧年。凱利是《全球型錄》後面幾期的編輯，並與布蘭德一起在一九八四年時共同組織了第一次駭客大會，並於次年發表了WELL。一九九〇年代時，凱利因《連線》雜誌的總編輯身分，再加上他出了幾本關於複雜系統和新經濟規則的書籍而聲名大噪。他的中心思想就是工具、系統和規則。

凱利有個有趣的地方：他身爲科技愛好者的聲譽，與那老派的鬍子完全不搭——只在兩腮與下巴蓄鬍。凱利認爲，人類文化與機器智慧正在形成一種有益的超級有機體，他稱之爲「科技元素」（Technium）；但他的大鬍子，以及對艾美許人[17]的興趣，卻似乎與這樣

17 艾美許人（Amish）基督教新教的一個分支，以拒絕使用汽車、電力等現代設施，過著傳統且儉樸的生活聞名。

的形象背道而馳。然而凱利認爲，把艾美許人稱爲盧德分子[18]並不恰當。雖然他們拒絕使用許多現代設備，卻也是一群天才駭客和修補匠、終極製造者。他們什麼都自己動手做，擁有著令人驚訝的專業技術。艾美許人謹愼思考自身與科技的關係，是使用可靠工具的極簡主義者。

二〇〇〇年，凱利以「酷工具」重拾《全球型錄》的使命，並以新的方式推薦產品。一開始，他使用電子郵件清單分享了一些「眞正有效」的工具，並自二〇〇三年起轉移到部落格；十年後，凱利繼續擴展酷工具，還推出了一本紙本書和播客。酷工具募集各種有關工具的評論，無論是普通工具、廚房小設備或實用書籍。工具新舊不拘，只要很棒就好，網站的理念則是「只發布我們喜歡的東西，其他都忽略」，它要求讀者只要「告訴我們你喜歡什麼」。凱利會加入酷工具，是因爲馬克．佛勞恩菲爾德（Mark Frauenfelder）——馬克是他在《連線》雜誌的同事，也是波音波音這個「美妙事物匯集所」的聯合創辦人，還是《製作》雜誌的創刊總編輯（生活駭客一詞的發明人丹尼．奧布蘭恩和梅林．曼恩於二〇〇五和二〇〇六年時，曾在《製作》雜誌上發表過專欄文章）。

凱利和佛勞恩菲爾德對奇妙事物及酷工具的興趣，透過另一種體現加州意識形態的方式發揚光大，也就是「創客文化」，或稱爲自造者文化。藝術家、駭客和手工藝者會分享這些創造物的實用性和過程中的愉悅感；無論在網路、紙本印刷品，還是在藝術家、建築師、公民科學家、駭客或表演者的集會中，都能看到這樣的活動。創客用他們的酷工具創造出很棒的東西。

凱利認爲這一切，尤其是生活駭客，是從過去一直流傳下來的東西：「在分享生活駭客技巧成爲常態的幾十年前，《全球型錄》早從一九六八年起，就開始鼓吹駭客／設計師的生活方式。《全球型錄》是紙本資料庫，提供成千上萬的技巧、提示、工具、建議和可能性，讓你優化自己的生活。」後來，凱利與人共同發起了量化生活運動，這也將是下一章的主題。凱利仍對技術和系統抱持堅定的樂觀態度，他長期置頂的推文是「從長遠的角度來看，未來是由樂觀主義者決定的」。

凱利的樂觀主義是一九六〇年代的反主流文化、八〇和九〇年代的網路文化，以及現今生活駭客之間的衆多連結之一。期間一直反覆出現的主題是：世界是系統構成的，工具則是你在這些系統內外運行的手段。在這願景中，只要有正確的工具，且不受機構干預，這些狂熱者就能決定未來。正如我們在第一章中看到的，生活駭客是美國勵志文化的延續，

18 盧德分子（Luddites）是十九世紀時，英國民間對抗工業革命、反對紡織工業化的社會運動者；後來也以此稱呼反科技者。

崇尚個人主義、實用主義、堅韌不拔，以及創業精神的價值觀。現在我們可以看到，生活駭客也是加州意識形態的一種表現，而且是偏向系統化的一面。

即便如此，許多生活駭客對此一歷史沿革並不熟悉。儘管費里斯小時候就讀過《全球型錄》、到《湖濱散記》的湖邊旅行，也經常邀請凱利當他的播客來賓，但其他人（尤其是生活駭客技巧的普通粉絲）卻少有這些認知。事實上，你並不需要為了開始走這條路，而了解這條路的所有過往。分享技巧既是一種文化，也是一種情感，吸引生活駭客的，正是一條科技、製造、優化和樂觀的道路。

生活駭客中的既得利益者

泰納在討論《全球型錄》的歷史時指出，它的目標族群是「具男性與創業特質、受過良好教育的白人」。雖然《全球型錄》頌揚自給自足和社群精神，但它迴避了性別、種族和階級問題，轉向個人和小群體賦權。至於馬修．湯瑪斯，雖然在他關於生活駭客歷史的著作中並沒有提到《全球型錄》，但他也以同樣的眼光看待這群人。具體來說，極簡主義是一種「明顯男性化的消費風格」，源於年輕白人男性的社會經濟學焦慮。

這些概括描述的確眞實，但駭客歷史中也包括了其他族群的人，只不過他們往往遭到忽視。因爲傑出的生活駭客會選擇與自己相似的英雄，並盡可能以最好的方式描述他們；與此同時，他們也不會知道那些與自己相異者的故事。幸運的是，我們可以透過三個簡短的題外話稍微彌補缺憾。

* * *

在前面的章節中，我提到了生產力駭客和富蘭克林的共同之處，他們同樣低估自己的高生產力其實非常需要仰賴他人易受忽視的工作。在本章中，我們來看看另一位生活駭客英雄：梭羅。同樣的，這些人的相似之處也很驚人。

梭羅是個聰明的年輕人，家境還不錯。他想嘗試一下簡樸的生活，於是在世交拉爾夫·沃爾多·愛默生（Ralph Waldo Emerson）的土地上，進行了爲期兩年兩個月又兩天的實驗（如果他今天還活著，可能會用「二二二挑戰」來稱呼）。他寫下了自己的經歷、記錄身邊僅有的一些用品和開支，以及他住在瓦爾登湖旁小木屋的感想。因此，梭羅被認爲是第一個減量整理者，也是最初的極簡主義者。

但凱薩琳·舒茲（Kathryn Schulz）在《紐約客》上撰文問道：「梭羅如此僞善、假清高，又厭世，爲什麼人們如此崇拜他？」瓦爾登湖其實一點也不偏僻：附近就有一條鐵路正在修建。事實上，梭羅爲小屋購買的窗戶和木板，來自一位愛爾蘭移民的鐵路工人家庭，梭羅還把他們的家描述爲「堆肥堆」。這個家庭並非選擇過簡單的生活，而是不得不如此。

舒茲也認爲梭羅在描述自己的極簡主義時，根本是作弊。從小屋到他家所在的城鎮只需要走二十分鐘的路，他每週都回去好幾次，多半是被母親的餅乾吸引，或者找機會和朋友共進晚餐。他的母親和姊妹們每週都會來看他，而且通常會帶食物，他卻對這些事實避而不談，反倒詳細記下自己極其吝嗇的飲食習慣和支出細節。梭羅終身未婚，在父母留下的房子裡度過餘生。

舒茲認爲，《湖濱散記》讀起來就像《一週工作四小時》和喀爾文教派式講道的綜合體：「梭羅貶低勞動、讚美閒暇，聲稱自己只要工作幾天，就能維持一個月的生活，卻反過來寫道：『努力產生智慧和純潔，懶惰產生無知和肉欲。』」

也有些持相反意見的人爲梭羅辯護：他支付房租給父母、幫忙養家；即使有女性幫他洗衣服，這也是當時典型的勞動分工。他反對戰爭，也反對壓迫和奴役印第安人與非裔美國人。梭羅的實驗需要很大的決心，而且他下筆時深思熟慮、技巧純熟。

即便如此，當我們試圖誇大與舊時英雄的連結時，不該忘記他們的缺點，至少不該忽視他們所處時代的偏見。我們很快就會看到對特權極簡主義者的批評，梭羅正是其中一個例子。在關注那些選擇簡單生活的人們時，我們很容易忽略那些不得不這樣做的人，以及他們的技能和故事。

＊＊＊

早在《全球型錄》前，一九五〇年代就有另一份專門針對駭客和創客的出版物：《圖米J公報》（*Toomey J Gazette*），內容是數十名殘疾人士分享他們的DIY技巧，讓一些產品變得更容易取得與使用。在一九六八年那期，家政部分的編輯從一份關於「料理無能者」的調查中找到數百則建議，認爲就算是「許多殘疾程度較低的人」，這些建議依然有其價值。例如用湯匙對付水槽的水龍頭（見圖5），或攪拌時在碗底墊一塊濕抹布，好讓它不至於滑動。隨後的事件顯示，這個小技巧社群是家庭自動化、遠端教育與工作的先驅。一九八〇年代，殘障詩人兼作家馬克．歐布萊恩（Mark O'Brien）加入了《全球型錄》，編輯了其中幾期，讓這個社群獲得更廣泛的認可。知道這一點，可以提高我們對歷史的理解，並擴大人們對駭客形象的想像，而這種認知也能促進社群之間實用技術的交流和發展。

除了因爲不屬於主流而被忽視的人，還有一個問題，就是「挪用」（co-option）：一項大肆宣傳的創新，通常會因高科技和男性化包裝，而掩蓋了那些先驅者的光芒。正如一位

水龍頭

1. 我敲打水龍頭的把手，以打開水龍頭。
2. 我的手指沿著水槽移動到水龍頭處。
3. 我用長柄鋤頭開關水龍頭。
4. 我在一枝長柄木匙（示意圖 A）上釘了四根釘子，
   再用電氣絕緣膠布把釘子包起來。
5. 英國手冊列出了自製與市售的開水龍頭器：
   針對單把龍頭，可在圓柱形木頭上挖出一個凹槽（如示意圖 B）。
   以一塊木扳、一個鑽孔和兩個掛勾製成的開水龍頭器（如示意圖 C）。

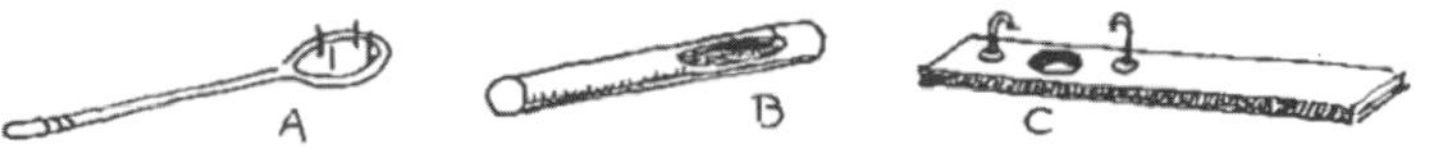

圖 5　吉妮・羅利（Gini Laurie），〈家庭主婦的問題與解決方法〉，《圖米 J 公報》（Toomey J Gazette），1968 年。由後小兒麻痺衛生國際組織（Post-Polio Health International）授權使用。

刻薄的專欄作家在描述二〇一七年舊金山灣區的合租熱潮時所寫的：科技企業家經常尋找某種現有服務，再將它私有化，然後聲稱「徹底改造了它」。

同樣的，還有一則廣泛流傳、被轉發了很多次的推特貼文是：「（舊金山的）科技文化專注於解決一個問題：我媽不再爲我做什麼？」其中一個答案是「餵你吃飯」。當駭客們發明代餐時，他們被譽爲新技術的創造者。但這種聚光燈同樣讓其他人感到不解。

當舊金山科技記者內莉・鮑爾斯（Nelli Bowles）試圖向媽媽解釋代餐雙豆飲（Soylent）時，媽媽卻回答：「喔，妳是說快瘦（SlimFast）奶昔嗎？」

我愣了一下。不，雙豆飲是絕對的高科技產品，我解釋道，而且它很合我的胃口。它有個極簡主義的標籤，並有跟軟體一樣的重複運算版本（現在已經是雙豆飲二・〇了）。它的公司創始人是位年輕的白人男性，對這項產品也有一套獨到的理念，不但將它連結到更廣泛的生活效率類型主題，並已籌集了兩千萬美元的風險投資基金，因爲它承諾會把我們從食物監獄裡解救出來。

但仔細思考後，鮑爾斯得出結論，大多數矽谷的食品創新，只是重塑女性幾十年來一直在做的事情而已。雙豆飲和快瘦在本質上沒有什麼不同，只是快瘦庸俗、可笑，還有點悲傷；雙豆飲則很酷、很先進、非常有效，而且這裡還有一個關鍵詞：創新。雙豆飲的創造者聲稱，該公司的目標並非醫療用途，且快瘦的營養成分也不完整；另一方面，雙豆飲是一種便宜方便又營養豐富的早餐或午餐替代品。這可能是眞的，我知道有男性在使用雙豆飲、在推特和部落格上談論它，卻從未見過任何男性分享和討論快瘦。

＊＊＊

凱文・凱利一直在尋找有用的工具，二〇〇八年，他與人共同發起了一場活動，旨在尋找「能幫助我們看到和理解身體與頭腦的工具」。量化生活運動的發起，是爲了讓這些工具的創造者和使用者透過數字獲得關於自己的知識。五年後，舊金山設計師愛蜜莉亞·格林霍爾（Amelia Greenhall）宣布舉辦第一屆量化生活女性見面會（QSXX）⑲。QSXX舉辦目的是提供一個空間，讓與會者可以討論所有有趣且針對女性的量化生活議題。格林霍爾大學時期的主修是電子工程，她在就讀公共衛生研究所時開始接觸量化生活，並把自己參加的第一次聚會描述爲「尋找同類的時刻」。不到一年，她就開始自己組織聚會。

格林霍爾注意到，在這樣的聚會結束後，總有參與者會問她，是否有專門討論女性健康問題的空間？這讓格林霍爾開始調查：「網路上有五百部教育指導類的影片，卻沒有任何一個是關於經期的，不過女性可能已經自我追蹤了……嗯，大約十萬年了吧。」於是在二〇一三年，她在舊金山舉辦了QSXX，隨後又在波士頓和紐約舉辦。在整個生活駭客領域中，此一領域出現了更多的女性勞工和學者。某種程度上，是因爲她們努力讓自己在自我追蹤方面的長期興趣和紀錄獲得承認。

儘管如此，女性依然受忽視。蘋果公司於二〇一四年宣布推出健康應用程式後，格林霍爾和其他人接受了採訪，討論女性被排除在自我追蹤應用程式之外的情況。蘋果的應用程式可以用來追蹤皮膚電流活動、卡路里和鈣的攝入量、心率和呼吸速率——但不能追蹤月經。格林霍爾解釋：「風險投資的錢幾乎都流向了白人男性，而白人男性總是會得到同樣的建議：『從自己需要的東西開始尋找想法。』」結果就是最後推出的產品總受到刻板印象和過度天真的束縛。比方說，格林霍爾指出，並不是所有女性都想減肥，有些人想增重或保持現有體態，但很多應用程式的假設都是相反的。此外，基於安全考量，女性較不願意與外界分享自己的位置、體重和睡眠資料。QSXX能幫助那些不把自己當成男性的人，在自我追蹤者中保留一席之地。

還有一些人，隨著時間過去，逐漸意識到自己與伴隨著高科技光環而生的價值觀越來越不合，於是選擇離開。例如，一位工程學教授在《大西洋月刊》的一篇文章中談到她爲什麼不再自認爲是創客：「**製造**的文化重要性，尤其是在科技文化中（而它自認爲比非製造者、修復者、分析者更高等，尤其優於照護者），是由製造者的性別歷史所決定的，尤其側重於誰製造了全世界共用的物品，而不只是爲了壁爐和家庭。」可悲的是，這麼做的結果是，與駭客故事相關的「顯性人口優勢」將不斷自我延續。

19 QS是量化生活（Quantified Self）的縮寫，XX則是女性的性染色體。

從太多到極簡

關於自己與家當的關係，生活駭客會講的故事有兩種，第一種是關於他們認為不可或缺的裝備和工具，第二種則是他們如何擺脫其他的一切。約書亞．密爾本（Joshua Millburn）和萊恩．尼克迪穆（Ryan Nicodemus）是朋友，他們後來成了第二種故事的傳道者。三十歲之前，他們雖然事業成功，卻深受某種「揮之不去的不滿」所困擾。

我們得到了所有應該能讓我們快樂的東西：六位數年薪的好工作、豪華汽車、超大房子，還有在這種消費導向的生活方式中，塞爆所有生活角落的各種東西。但即使擁有這麼多，我們對自己的生活還是很不滿意。我們不快樂，那是一種巨大的空虛。每週工作七十到八十個小時，然後買更多的東西，並不能填補它；它只會帶來更多債務、壓力、焦慮、恐懼、孤獨、內疚、不知所措和憂鬱。

更糟糕的是，我們無法控制自己的時間，所以不能控制自己的生活。因此，二〇一〇年，我們以極簡主義原則重新奪回控制權，把注意力集中在真正重要的事情上。

他們的部落格「極簡主義者」非常受歡迎。在接下來的一年裡，他們辭掉工作，出版了《心簡單：尋找生活意義的法則》，並舉辦了一次國際巡迴簽書活動。他們還爲那些想效法他們的人，提供了私人指導與線上寫作課程。二〇一二年，他們搬到蒙大拿州的一幢山間小屋，成了「有無線網路的梭羅」。他們曾有一段時間是媒體寵兒，透過所有作家都渴望觸及的管道，將自己的故事說給大家聽。

每個世代的人都會有新的見解，對那些跟網路一起成長的人來說，密爾本和尼克迪穆發現了一個近敵：如果你的目標是滿足，那麼物質財富無法達成它。

密爾本和尼克迪穆並不是他們這個世代第一個表示不滿、架設部落格，並試圖以此開展勵志寫作職涯的人。就像李奧．巴伯塔（Leo Babauta），他在二〇〇七年初建立了部落格「禪習慣」，專注於提高生產力。到了年底，他又推出了電子書《禪：極致的簡單生產力系統》。

二〇〇九年，就在禪習慣開始流行時，他開了一個新部落格，名爲「極簡清單」，之後還寫了一本相關主題的書。幾年後，他談論的主題從提高生產力轉向極簡主義，他建議禪習慣的讀者「把生產力扔掉」：在一艘沉沒中的船上整理躺椅，是毫無意義的事——把事情簡化，直接把躺椅丟掉吧。他從未停止在禪習慣發表文章，但關注的重點改變了，從二〇〇九年到二〇一一年，極簡清單上的許多貼文都反映出人們對極簡主義的強烈興趣。

同一時期，科林．萊特（Colin Wright）把每週工作一百個小時的日常，換成少於一百件東西的生活，並開始在部落格「流放生活」上發表文章，後來也在亞馬遜出版了關於極簡主義和旅行的暢銷書。二〇一〇年，戴夫．布魯諾（Dave Bruno）成功將自己的部落格寫成了《極簡富足：我靠一百樣東西過一年》一書，書中講述「我如何擺脫幾乎所有東西、重新塑造生活，並找回我的靈魂」。

這種關於危機、重獲靈魂、致力於改革的故事並不罕見。麗塔．霍特（Rita Holt）寫了一本關於極簡主義的電子書，講述她在崩潰痛哭後，如何擺脫自己討厭的生活方式。當她終於意識到「此時不做就沒有機會」時，她辭去了工作，投身於極簡主義革命，並邀請讀者在推特上追蹤她的旅行。

計數遊牧者與近藤麻理惠

過去，如果說到手工藝、生活方式和家庭小技巧，我會馬上想到「海洛斯小提示」；至於生活駭客，則有一種男性化和高科技的光環。但如果拿極簡主義大師與較傳統的家務整理建議相比，甚至是近藤麻理惠的女性家居生活相較，又會如何呢？

二〇一一年，近藤麻理惠出版了一本有關居家整理的書，建議數百萬日本人丟掉那些不會讓他們怦然心動的東西。這本書於二〇一四年出版了英文版，雖然近藤不會說英語，但比起密爾本和尼克迪穆，她獲得了更多媒體關注。很顯然的，極簡主義者和近藤都有整理的概念，也都回應了人們對物質主義和雜亂的普遍不滿，但毫無疑問的，極簡主義者就是比較像極客。他們喜歡計數、挑戰和旅行。

極簡主義者故事中有項顯著的特徵，即是列出他們的所有物。戴夫·布魯諾和《極簡富足》提出的挑戰，就是其中最明顯的例子。寫《動機駭客》的溫特有九十九項物品。《極簡主義的藝術》一書作者艾弗雷特·柏格（Everett Bogue）則更精簡到剩下五十樣東西，後來才又承認自己需要的東西比那些更多。凱利·薩頓（Kelly Sutton）是部落格「少的崇拜」格主，他改變了這個公式：他的目標是把自己的生活濃縮成兩個盒子和兩只袋子。

縮減物品這個過程本身就是非常吸引人的故事。泰南就制訂了一份關於物品保留、出售、丟棄和贈送的規範，最後一步就是在分類廣告網站上刊登訊息，宣布他房子裡的一切都能免費拿走。

這些人都住在舊金山，用電腦工作，不過極簡主義並不是他們的專屬領域。黑人極簡主義者，像是伊蘭達·阿克里（Ylanda Acree）在其同名部落格中提到，要爲了「從珍惜文化的角度過著簡單生活」的人們，建立一個具備這種意識的社群。蔻特尼·卡佛（Courtney

Carver）在部落格「精簡更富裕」中提出「三三三精簡計畫」，向她的讀者挑戰，請他們用三十三件（或更少）衣服做三個月的穿搭。在一篇名為〈女性也可以成為極簡主義者〉的文章中，卡佛列出了其他八位女性極簡主義者，包括一位迷你屋運動的先驅，她列出的物品是九十七項。

極簡主義並非一成不變，但它確實由男性和那些清點自己物品的人所主導。近藤麻理惠並不在乎你擁有多少東西，只要它們能讓你怦然心動，並整齊地收納好就行。極簡主義者將家當視為一種挑戰，必須計算數量並丟棄；近藤則以萬物有靈的態度謹慎對待它們。物品渴望服務人類，並滿足於好好告別。除了她與物品的關係變得更加親密，近藤的吸引力或許也在於，她那精疲力盡與充滿洞察力的故事非常戲劇化。

近藤從小就熱衷於整理，但這讓她付出了代價。有一天，她彷彿精神崩潰般昏倒了。兩小時後，「當我醒來時，聽到一個神祕的聲音，就像是某位整理之神在告訴我，要我仔細看看自己的東西。」祂告訴近藤，要關注那些應保留的東西，而不是要扔掉的東西。近藤式收納術於是誕生。近藤和其他大師之間的其他差異，還包括最明顯的性別：極簡主義者通常是男性，但近藤的粉絲女性居多；許多極簡主義者熱愛旅行，這一點也和近藤不同。

凱文．凱利給自己貼上了極簡主義者的標籤，在數位遊牧主義流行的幾十年前，他就開始了自己的環球旅行。回想一下帕夫洛夫電擊手環的發明者曼尼什．塞提，他在環遊世界時，進行了一項在異國動物身上做伏地挺身的計畫，而他的行李就只有背包裡的東西。費里斯旅行了十八個月，幾乎什麼都沒帶，但他還是塞進了兩本書：梭羅的《湖濱散記》和羅夫·帕茲（Rolf Potts）的《旅行是爲了放大生命的極限》，他還在二〇一七年與凱利一起去烏茲別克旅行。

李奧·巴伯塔定期在禪習慣上發表關於輕裝旅行的文章，以及如何在旅行時保持良好的習慣和健康。他還寫了與家人一起旅行的事，雖然不常見，但這是一次很不錯的經驗。麗塔·霍特在開始國際極簡主義革命之旅時，請讀者在推特上追蹤她。科林·萊特讓「流放生活」的讀者投票，決定他接下來四個月要在哪個國家生活。

比起這些極簡主義者，泰南更能體現所謂的遊牧生活，他從不在任何地方長時間定居，住在露營車裡將近十年。二〇一六年，泰南賣掉了露營車，但繼續住在遊輪和其他基地裡，包括他和朋友們在加拿大新斯科舍省購買的島嶼。他寫道，現在這一切對他來說都很正常，不論他在布達佩斯、拉斯維加斯、紐約、舊金山，還是東京，都感覺像在家裡。因爲他大部分的朋友都過著類似的生活，他在這些城市裡見到朋友的可能性，就像在他們家一樣。

簡而言之，從過多到極簡的故事，是一種以狂喜爲基調的解放之旅。設置了「物質性成功」陷阱的傳統路線引發了一場危機，緊跟著不滿和崩潰而來的則是覺醒。丟掉你的職業和家當，到世界各地寫作和旅行，成爲極簡主義的傳教士吧。

關於物品，進退兩難的困境

在二〇〇九到二〇一一年這段全盛時期，許多生活駭客都在談他們從過多到極簡的故事，尤其是那些設法成爲環球旅行作家的人。但這些極簡主義的故事，終究變得陳腐無趣。

在極簡主義大師中，格林漢．希爾（Graham Hill）算是很普通的一位。他是一位精通科技的創業者，年輕時就非常成功。他投資的專案包括一九九〇年代的一家網頁設計諮詢公司，以及廣受歡迎的環境資訊入口網站「環境保護者」。他後來用很好的價錢賣掉了這兩家公司的持分，還一度在西雅圖擁有一幢超過一百坪的房屋，在曼哈頓也有一間五十多坪的公寓。希爾覺得自己有義務把兩間房子的每個角落都塞滿東西。

可想而知，他的生活變得越來越複雜：「我花錢買來的東西最後吞噬了自己。我的境遇非比尋常（不是每個人都能在三十歲前靠網路發大財），但我和物質的關係跟別人並沒什麼不同。」希爾的女友簽證到期的時刻，也是他頓悟的瞬間。希爾跟著女友一起回到巴塞隆納，住在一間小公寓裡：「非常滿足，而且彼此相愛，直到我們意識到西班牙沒什麼能留住我們。所以我們帶了幾件衣服、一些盥洗用品和幾部筆記型電腦，就這樣上路了。我們住在曼谷、布宜諾斯艾利斯、多倫多，中間還停留在很多地方。」在這個過程中，他擺脫了所有自己所蒐集的「無關緊要物品」，開始用更少的東西，過更大、更好、更豐富的生活。

二〇一三年，希爾在《紐約時報》週日評論上分享自己的故事，還補充了有關美國消費、浪費與汙染的統計資料。希爾在文章結尾指出，他仍是一個連續創業家（意指成功過不只一次的創業家），最近的投資則是爲那些同樣關心自由和環境影響的人設計小型住宅。我相信他希望得到榮譽：希爾曾獲成功，但壓力很大，在他學會如何過著更好的生活時，他想幫助其他人也做到這一點。但希爾採取行動的時機、擁有的財富和陳述的語調，卻招致了批評。

不難理解爲什麼人們會對極簡主義感到厭倦。不是每個人都想住在蘋果商店裡。極簡主義是一種相對簡潔的美學，而創意有時需要凌亂。極簡主義者非常極端，這讓人們最初的好奇最終變成厭惡；同時，大眾也對極簡主義者失去了耐心，尤其是那些百萬富翁。

極簡主義者很容易流於說教，當他們自以爲是地這麼做時，就會令人生厭。或許極簡主義根本不是什麼高尚的理念，而是一種人格缺陷或錯覺？湯瑪斯認爲，數位極簡主義是缺乏安全感的人重新取得控制權的一種嘗試，也認爲這只會助長「科技可以修復一切」的幻想。然而諷刺的是，這些人對物質生活的逃避，往往就像他們想拋棄的物質世界一樣，與物質本身密不可分。

阿萊克謝・塞爾（Alexei Sayle）的短篇小說《巴塞隆納椅》[20]是對極簡主義人格惡毒卻有趣的諷刺，這篇小說寫於二〇〇一年，同樣也很有先見之明。故事的主角魯伯特是一位控制欲極強的建築師，他的房子是「光和空間的綠洲」。屋內的金屬椅非常引人注目，但坐上去極不舒服；玻璃樓梯很壯觀，但對孩子們來說很恐怖，而且看不到也找不到任何家居用品。不過，這樣總比雜亂好：「這就是極簡主義，它對人有很多命令與要求，在極簡主義房間裡的所有東西，都要在極細微的和諧中保持平衡，每樣東西都得準確放在它應該在的地方，哪怕是最微小的東西偏離了位置，都會讓整個微妙的平衡陷入徹底的混亂。」

有一天，魯伯特回到家，發現屋子裡的一面牆原本「乾淨、質樸、白得像層海霧」，卻被潦草地寫上一個令人困惑的字「派翠克」。他試著清掉它、用油漆蓋過，甚至用工具鑿掉，結果只讓這個缺陷更加明顯。他崩潰了，喝下漂白水，「把內在那些髒亂糾結轉變爲一個極簡主義的殼」。幸好，他被家裡的芬蘭互惠生[21]發現，得以保住一條命。

爲了恢復健康，他和家人搬到西班牙南部一座古色古香的白色農舍。魯伯特放手了，頭髮也長長了。然而日子一久，他的個性再次顯露出來。某天，他再也受不了家裡的混亂，對著家人大喊大叫。那天晚上，他的妻子走到屋外，在「農舍如月光般潔白無瑕的牆上」，寫下小小的「派翠克」。如果賈伯斯讀過這篇小說，或許他可以避免一些因蘋果商店的玻璃樓梯和牆壁而引起的焦慮與傷害。

除了不喜歡矯飾和過分拘束，極簡主義者之所以令人厭煩，最簡單的原因在於它炒作的是某種已經冷掉的風潮：希爾是在潮流逆轉後才發表那篇文章的。二〇一一年，艾弗雷特・柏格取消《極簡主義的藝術》電子書的發行，代之以在「去你的極簡主義」網站上發表的一篇文章。簡單來說，柏格認爲極簡主義已完成了它的任務，是時候繼續前進了。

麗塔・霍特在二〇一二年時已這麼做了。當我問她網站爲什麼消失時，她解釋，極簡主義已經發展成爲一種人氣競賽，一場關於點擊率、分享數和電子書銷售量的競賽：「它看起來就像一張虛假的面具，儘管我們一直大喊著自己和別人不一樣，但它只是另一種讓我們深陷其中的模式。所以我離開了。刪除了網站、所有貼文和所有連結與採訪。」

潮流來來去去，每個人的個性和品味各不相同。但即使如此，在勵志圈裡，個人行爲

20 巴塞隆納椅（Barcelona Chairs）本身就是具有矛盾意味的作品。它是由包浩斯風格大師密斯・凡・得羅（Ludwig Mies van der Rohe）所設計，完全彰顯包浩斯「少就是多」的特色；但這原是為西班牙皇室設計的，手工製作和昂貴價格也導致它徹底違背了包浩斯「為大眾且大規模製造」的初衷。

21 互惠生（au pair）大多提供三十歲以下青年申請，讓年輕人能體驗不同國家的文化。其與寄宿家庭的關係建立在互惠互利上：寄宿家庭提供生活所需，互惠生則協助照顧家中幼童並幫忙家務，且非雇傭關係。

都是發生在社會背景之下；你以爲的選擇，仍是被別人告知、受他人影響的，無論是整型手術、提高生產力或整理。那麼，眞正重要的問題是：這些關於自我成長建議背後的假設是什麼？

極簡主義與百萬富翁

事與願違的是，購物有項內在悖論：如果你選擇以更高價格購買高品質和堅固耐用的商品，那麼你不也成了那種擁有特權的虛榮傲慢者？《大西洋月刊》「城市實驗室」的一位作家，在參加希爾爲自己的新公司「生活編輯」所做的一場演講後，產生了這樣的疑慮。她帶著一絲羨慕的責難寫道，希爾投影片裡面那些「超輕軟的擦拭布、五顏六色的料理碗、易於收納的電子爐……全都很時尙流行，讓人非常想擁有」。一件商品的價格是原來的兩倍，使用期限是原來的四倍，這的確很划算，但並不是每個人都能買得起。

然而走便宜路線、與沒那麼幸運的人團結在一起，也未必會更好：《國家》雜誌的一名作家認爲，廉價產品是以犧牲環境和工人爲代價。儘管希爾在《紐約時報》上的那篇文章是「眞誠自戀的崇高展現」，但至少他並沒有過分責備人們「在實際上購買的東西花費太少」。

這兩種觀點的分歧是意料之中。當一種潮流開始退燒時，每個人都會想趁機利用它。即便如此，極簡主義的故事還是讓我們對生活駭客與物質的關係，有了兩種不同的認識。

首先，極簡主義遵循了佛教創始人的故事（許多極簡主義者都貼上了禪的標籤），這很諷刺，卻也很貼切。在佛教起源故事中，悉達多王子的父母將他照顧得無微不至，讓他遠離人間的苦難，並給予一切奢侈之物，但王子還是感到不滿足。有一天清晨，王子看到深夜聚會後的混亂和醜陋，覺得自己受夠了，就像霍特描述自己的故事時所寫的那樣——此時不做，就永遠沒有機會。於是王子丟下一切，偷偷溜走，開始了自己的旅行。

他嘗試過各種不同的生活方式，但傾向於禁欲主義，包括禁食和放棄睡眠。這樣實行多年後，有一天悉達多在路邊昏倒，被一名女孩發現，並用一杯米漿救活了他。於是他理解到，極端禁欲並不比父母提供的極端奢侈好多少。後來，他教人們走中庸之道，一條介於兩種極端之間的道路。

許多極簡主義者後來也意識到，極端是行不通的。他們逃過了物品太多這個敵人，卻成了物品太少這個近敵的獵物。艾弗雷特·柏格和麗塔·霍特完全放棄了極簡主義的標籤；戴夫·布魯諾不再仔細計數了；科林·萊特承認極端對他來說很容易，而且還可以賣書，但他的目標是平衡。其他人則建議適度就好：消費主義不是我們要的答案，迷戀極簡主義也不是。就連生活駭客網站也在二〇一七年發表了一篇文章，講述與極簡主義者互相比較的陷阱。

做為一種反主流文化，極簡主義已遠遠偏離了《全球型錄》的價值觀：自給自足被便利取代，價值被奢侈取代，可及性被排他性取代，極簡主義確實需要改革。

矽谷領導力大師葛瑞格．麥基昂（Greg McKeown），二〇一四年時以《少，但是更好》一書努力重塑極簡主義的形象。

> 專準主義者（Essentialist）的生活方式是經過計畫的，而非預設。專準主義者並非被動做出選擇，而是刻意將少數要事和多數瑣事區分開來，消除不重要的事物，再除去障礙，使重要的事物有清晰、順暢的通道。換句話說，專準主義是一種有紀律、系統化的方法，確定我們最該付出心力的地方在哪裡，再讓這些事情以幾乎毫不費力的方式執行。

書中並沒有提到「極簡主義」，但談到專準主義時，卻有一種禪的感覺，而且麥基昂強調生活方式設計和系統化，看得出這仍是矽谷式的勵志。即便如此，它仍是一種溫和的方法，強調將注意力放在生活的優先事項上，是項很常見的個人成長建議。

除了保持適度，我們做出假設時也必須謹慎小心。查理．羅伊德（Charlie Lloyd）寫在社群媒體上的文章就提到了這一點，雖然羅伊德的工作屬於科技領域，但他最近大部分時間都身在中產階級的下層。他的背包（永遠不會被「生活駭客」介紹）裡裝的是一部用了三年的筆記型電腦和它的電源線（因爲電池已經壞了），還有一些紙、筆，以及老舊手機的充電線：「裡面有口香糖，有時候還有零食。夏天會有防曬乳和一瓶水，冬天有雨衣和手套。也許還有本書，以預防無聊。」如果他有更多錢的話，情況可能就不一樣了，他會帶著 MacBook Air 和 iPad Mini，其他任何東西也都可以根據需要購買。

就像攜帶的東西一樣，擁有也是如此。窮人雜物多多，是因爲他們笨到看不見簡單生活的優點。他們透過擁有物品來降低風險……如果你一次買大量食物，就需要一部大冰箱；如果你負擔不起更換家中所有電器的費用，就需要幾個裝垃圾的抽屜；如果你付不起修車的費用，就可能需要第二輛型號類似但改裝過的車。在街上，有些人會取笑它，稱你爲拖車垃圾。

簡而言之，有錢人爲極簡主義和財富簡化建立了一個回溯性的關係：只有透過財富，你才能擁有那種輕盈。再加上極簡主義單調的群體樣貌，讓人懷疑這根本是爲黃金單身漢準備的。

要採取蘋果筆記型電腦極簡主義，確實需要一定的財富，但我們應該小心，不要一概而論。富裕的人可以被物質蒙蔽，也可以從簡化中受益；同樣的，窮人也不能倖免於物質主義，就算他們的欲望並沒有得到滿足，或擁有的東西沒那麼貴也一樣。擁有得少，未必是美德；擁有得多，也未必是惡習。真正的問題在於勵志產業將自己的建議推銷給其他人，尤其當他們把成功和富裕的經驗，包裝成人人都有能力達成且皆應效仿的時候。

希爾的那篇文章在《紐約時報》發表後不久，泰南就在自己的部落格上發表另一篇反思的文章〈沒那麼幸運的人〉。他剛剛看過紀錄片《伊娜仙特：拉丁少女美國逐夢》，講述一位無家可歸，卻拒絕放棄夢想（包括婚姻和自己的家）的十多歲女孩。泰南意識到自己很幸運，他的生活方式建議與伊娜仙特樸實的夢想不一致：「有時我對婚姻和房子大發牢騷，說這些都是非常糟糕的目標。但你知道嗎？只有像我這樣、從出生就被灌輸要成功的人，才會有這種想法。」泰南未曾面臨過伊娜仙特這種家暴和無家可歸的問題，他認為，伊娜仙特面臨的挑戰「可能比我這輩子希望做到的任何事都更艱難」。

當你把某人帶回自己稱爲「家」的露營車時，泰南建議你講個故事，以免別人把你跟那些別無選擇的人搞混。然而生活駭客極簡主義者講述的故事，其實都跟財富有關：不一定是關於錢，而是關於選擇的豐富程度，關於減少開支、環遊世界，甚至像許多人一樣，在任何自己想要的時候，放棄極簡主義。

6 健康駭客

把自己的一切變成數字

二〇〇八年九月，一小群狂熱者在《連線》前總編輯暨酷工具網站負責人凱文．凱利位於舊金山的家中會面。凱利召集了約三十名對健康、增強、基因和延長生命感興趣的人，包括《連線》雜誌的同事加里．沃爾夫（Gary Wolf）在內。凱利和沃爾夫組織了這次聚會，做爲「量化生活」的首次會議。這是該運動的第一次展示說明會，讓有興趣的人可以「透過數字認識自我」——這是量化生活的格言。

凱利認爲，量化生活可以協助回答既平淡又超然的問題。透過它，我們可以學會如何把電子郵件管理得更好，或是活到一百歲。它甚至可以回答數位時代的核心問題：「人類是什麼？人性是固定的嗎？神聖的嗎？無限延伸的嗎？」

凱利是個性格樂觀、注重工具的人。他表示：

> 我們相信，這些宇宙問題的答案將在個人之中找到。眞正的改變會發生在個人身上，因爲他們發展了關於自我的知識，以及對個人身體、思想和靈性的認知。許多人在追尋這種自我認識，而我們擁抱所有通往它的道路。然而，我們選擇探索這條尚未被探索過的特殊道路，是很合理的：除非某些東西可以測量，否則無法改進。
>
> 因此，我們正在蒐集各種個人工具，越多越好，幫助人們對自己進行可量化的測量。我們歡迎那些能幫助大家看見並理解身體與思想的工具，這樣就能了解人類存在的目的。

你需要測量，才能自我認識並改善。這個觀點是「如果你無法測量，就無法管理它」的變體。一般認爲，這句格言是管理顧問彼得·杜拉克說的，但他的理解更爲精妙。儘管杜拉克提倡測量，但他認爲一名經理人的人際關係才是首要的，而且「無法被測量或簡單地定義」。即便如此，對某些事情來說，「測量管理」的格言依然管用。正如我們在第四章中看到的生產力駭客尼克·溫特，測量有助於個人目標的設定、分析和追蹤，但各位若以爲「不過就這種程度」，那就太天眞了。

其他關於測量局限性的格言中，有一句常被誤解出自愛因斯坦：「並非所有可以計算的都有價值，也不是任何有價值的都可以計算。」還有一個困境是，測量本身正在扭曲。測量一個變數時，往往會優先考慮它而忽略其他的（溫特解決這個難題的辦法是加倍計算，並爲自己的社交和浪漫活動設定目標）；更糟糕的是，在競爭環境下，測量結果經常伴隨著操縱和作弊，這種狀況已經被許多學者在許多領域中觀察到了。

一位人類學家在評論教育中過於積極的測量時這麼說：「當測量標準成爲目標時，它就不再是一個好的測量標準。」

無論如何，凱利和沃爾夫是量化的堅定捍衛者。爲了更加廣泛宣傳量化生活，沃爾夫發表了兩篇高調的文章，再加上一場TED演講。他在《紐約時報》宣稱數字已獲得了勝利：「我們容忍量化的毛病——一種枯燥、抽象、機械的知識，是因爲它的結果實在非常強大。賦予事物數字，就可以進行測試、比較和實驗。數字使問題較難引發情緒上的共鳴，卻更容易用理智來處理。在科學、商業和政府較理性的部門中，數字贏得了公平和公正。」

這場勝利的最後堡壘是個人生活的舒適範圍：「睡眠、運動、性、食物、情緒、位置、清醒、生產力，甚至靈性方面的健康。」

量化生活是癡迷於測量的生活駭客分支，他們極度關注健康。它的支持者期待並致力於普遍測量人們所謂的舒適範圍。與傳統科學不同，它的答案將如同凱利所說的「在個人身上找到」。例如，溫特在破解自己的動機時，確實從基於科學的勵志方法中獲得策略，但他也親自測試了它們的功效，並追蹤結果。儘管他公布的平均值比一般更精確（例如「幸福値七．〇三分」），但他能藉此證明什麼對自己有效。

生活駭客們堅定地認爲，我們可以在測量中找到解決個人和宇宙問題的方法。它揭示了一種耐人尋味的雙重視角，既直接（透過**自我**追蹤來認識**自我**）又遙遠（基於對宇宙的渴望）。即便如此，這種看法仍非毫無扭曲。

數據的意義

過去幾年裡，我看過很多量化生活的展示說明會，有些是現場活動，有些則是網路分享；參與者提及自己的熱情和遇到的困難時，那種坦率在在讓我留下了深刻的印象。我看過最直言不諱的談話，是一個人追蹤與妻子做愛前後，彼此生殖器、口腔、手指和肛門的微生物群。毫無疑問的，許多人還是較希望讓這些領域保持「舒適」（用沃爾夫的方式來說），尤其是當雇主、保險公司或罪犯都可以拿到這些數據時。然而，他對自己的數據和結果相當滿意，而且每次上床前後都會仔細於各部位採樣，發現微生物群在做愛後變得更相似。

儘管他的研究很新奇，但結果並不令人驚訝。如果只是爲了令人尷尬地證明顯而易見的事實，那麼蒐集這些數據的意義究竟何在？不是所有可計算的東西都有價值。

像這樣，對自我追蹤數據的應用是否有意義的質疑並不罕見。在第一次量化生活會議上，有人提出了這個問題：他擁有大量數據，但卻不知道該如何使用它們。沃爾夫隔天便在部落格發表了一篇文章，針對「《華盛頓郵報》的善意嘲笑」做出回應。他解釋，此小組是在討論自我追蹤的數據該如何用來引發新的研究問題，爲決策提供資訊，以做爲一種技術來運用。儘管如此，沃爾夫仍承認：「這是一種衝動，一種好奇心，似乎在具備任何特定用途前，就已開始運作。」這與駭客精神是一致的：實驗與追蹤就和其他特質一樣，都與一個人的性格有關。

除了沃爾夫提出的原因，我在與自我追蹤者的對話中發現了一項實際動機：人們以追蹤和實驗爲名義，發動駭客「攻擊」，藉此管理個人症狀並找到補救措施。例如凱伊．史托納（Kay Stoner），她自稱數據囤積者，還是個經常頭痛的人。她從十幾歲起開始寫日記，現在已經裝滿好幾箱了。和大多數生活駭客一樣，她很早就開始接觸電腦，並說它是沒有任何偏見的：「它不關心我是誰，只要我遵守語法規則和現實的期望。」追蹤模式和制定規則，也是她後來應對頭痛的方式。史托納開發了一個應用程式，記錄自己的症狀及當天的種種——雖然最終還是使用紙本日記。

慢性疾病和疼痛令人沮喪，讓人感覺無助，且痛苦永遠不會結束。有了紀錄，史托納便能做些事情來減輕頭痛，最終讓它們不再復發：「如果有客觀資料顯示之前（有用的方法）確實有效，就很有可能再度發揮效果，這可以消除沮喪和無助感。」而紀錄也能讓她清楚地與醫生溝通。

生活駭客跟所有人一樣，也在爲自己的疾病尋求治療。正如第一章「駭客飲食法」的作者想減肥一樣，史托納想減輕偏頭痛。這兩種駭客與大多數人的不同之處，在於他們用系統化方法來理解並解決在意的問題。此外，對駭客型的人來說，追蹤本身就是一種安慰。史托納的痛苦和失敗的治療紀錄有時令人沮喪，她偶爾也會把它們丟在一邊。然而到最後，追蹤和實驗成爲她自我管理、尋找希望，以及與他人溝通的方式：「數據爲我的生活增添了結構、意義和目的。」

成爲超人的根源

小時候，我很喜歡電視動作影集《無敵金剛》的開場。從一場航空事故的鏡頭開始，太空人史蒂夫．奧斯丁（Steve Austin）奄奄一息，在手術和仿生原理圖的場景中，一個聲音宣布：「我們可重建他。我們有這種技術。我們可以讓他變得更好。更好……更強壯……更快。」這三個詞語是二〇一一年《紐約客》對費里斯的人物特寫標題，其中兩個也出現在二〇一六年出版的勵志書《爲什麼這樣工作會快、準、好》書名中。一部一九七〇年代的電視節目之所以能一直留在人們的腦海中，是因爲這種透過科技提高人類表現的方法，描繪了人們對成爲超人的渴望。

泰南最受歡迎的兩本書是《超人的習慣》和《超人社交技巧》。至於費里斯的《身體調校聖經》，根據原文的副標題，這是一本關於快速減脂、擁有令人難以置信的性愛，以及成爲超人的不尋常指南。他在電視節目中的口頭禪則是：「想獲得超人的結果，不需要成爲超人……只需要一個更好的工具箱。」仿生人所接受的治療不僅是治療——他獲得了增強。同樣的，最佳駭客的目標是要超越標稱。

當然，想攀上最高處的願望並不新鮮。在希臘神話中，伊卡洛斯飛得離太陽太近；在亞伯拉罕諸教的神話中，巴別的居民斗膽建造一座通天之塔。這兩個神話都沒有談到眞正的可能性，反而在警告人們不要狂妄自大，最後伊卡洛斯掉了下來，巴別的居民則分散到世界各地。但隨著二十世紀科學的進步，有些人希望眞正的超越即將到來。

一九五七年，進化生物學家朱利安．赫胥黎（Julian Huxley）創造了「超人類主義」（Transhumanism）一詞，他認爲：「如果人類願意，他可以超越自己——不僅是零星的，這個人用這種方式，那個人用那種方式，而是以一個整體，以人類爲整體。」他這種超越的機制是一種進步的優生學。

赫胥黎對種族的生物學概念持懷疑態度，並意識到它的弊端，因此提出透過「治療和補救」計畫來提高「最貧困階層」的生活水準。赫胥黎知道，教育和醫療保健可以讓人們減少生育。提高貧困人口的生活水準，則能達到兩個目的：那些從未有機會發揮潛力的人，終於有機會這麼做了；至於那些沒有潛力的人，則將過著更好的生活、少生一點孩子，以減少他們對人類族群的影響。

這項理念影響了他的許多工作，包括身爲聯合國教科文組織的第一任總幹事。

在隨後的幾十年裡，個人科技取代了人口優生學，成爲預期中的變革驅動力。一九八○年代，超人類主義者把目光投向了基因工程和奈米技術；一九九○年代，電腦和網路引發對人工智慧和生化人的預測，也啓發了成爲後人類（posthuman）的可能性。馬克·歐康納（Mark O'Connell）在二○一七年出版的《成爲機器》一書中解釋了這個有點玄的概念，而谷歌、微軟、臉書和特斯拉等公司的高層和投資者，也都談到不久的將來，很可能眞的能實現機器智慧。

有些人覺得這令人擔憂，像是特斯拉的伊隆·馬斯克，就經常向大眾發出關於人工智慧浩劫的警告，其他人則急切地期待比人類更聰明的機器崛起。對於這些樂觀的矽谷企業家，歐康納寫道：「這些人——他們畢竟是男人，幾乎都是男人，都談到了即將與機器融合的人類未來。」就像谷歌在二○一二年聘請了一位新的工程總監、發明家和超人類主義者雷·庫茲威爾，來領導有關機器學習方面的工作；第二年，谷歌還成立了一家價值七·五億美元的生物科技公司，專注研究抗衰老。

庫茲威爾在二○○五年出版的《奇點迫近》一書中預言，二○四五年左右，科技將學會自我改善，並因此飛速發展。至於人類的生活，將如同字面上所示，變成非實體的。像馬斯克這樣的悲觀主義者擔心人類會被消滅，而庫茲威爾這樣的樂觀主義者則認爲，人類將與自己的創造物融合，永生不朽。無論如何，谷歌同時涉及了合成和有機的領域。

除了靈感，網際網路還爲超人類主義者提供找到彼此、相互凝聚的途徑。一九九四年，《連線》雜誌刊登了一篇文章〈遇見反熵者〉，介紹了最新的超人類主義擁護者：正如熵總是讓事物趨向無序，反熵（extropy）則是相反的力量，推動我們走向超越。超人類主義認爲，就像創意和理性，人文價值的力量會隨著科技的進步而擴大；而在最近的版本中，反熵主義（extropianism）被提煉出五項原則：無限擴張（包括智慧、有效性、壽命）、自我轉變（透過理性和實驗）、動態樂觀（基於理性和行動）、智慧科技（以超越我們的自然限制）和自發秩序（來自於去中心化的社會協調）。

這似乎是一條能將那些試圖處理收件匣或偏頭痛的人，與反熵主義者連結起來的途徑，不過反熵主義的五大原則確實涵蓋了駭客精神，而凱利認爲，量化生活終將能解決宇宙的問題。他在其他地方寫道，資訊超有機體[22]必將出現，且是不可避免的趨勢，而反熵正將我們推往那個方向。他不像庫茲威爾那樣大膽，但他們很合得來。

並不是每位生活駭客都是反熵主義者，但這兩種運動都來自同一個泉源——加州意識形態。正如《新共和》雜誌中一篇關於「試圖解決死亡問題的駭客」的文章所言，追求「延長壽命、增強神經系統和體力……帶有一種明顯加州式的、透過科技自我改進和改善生活的風格」。這種意識形態強化了學者們所說「健康主義」的趨勢。

在此趨勢下，爲幸福而奮鬥的過程被私有化，健康歸類爲個人美德，疾病則歸類爲道德失敗。就像生產力駭客可能演變成一種自我鞭笞的壓迫機制，健康駭客也可能變成一種充滿活力的指責制度，對象則是那些虛弱到跟不上腳步的人。問題是，不是每個人都有庫茲威爾那樣的資源——他曾聘請過一名助理，負責管理他每天要服用的數百種營養補充劑。

從反熵的觀點來說，透過科技改善生活的終極反諷在於，只有當生物意義上的生命不再存在時，最佳生活才能實現。不過，在那之前，還有許多不同類型的駭客可以讓你變得更好、更強、更快，甚至更聰明。

22 或稱「超個體」，意指由許多有機體組成的體系。其社會高度分工，且個體難以獨自長時間生存，螞蟻是最典型的例子。

奶油讓我更聰明

前面提到，凱利於二〇〇八年召集了一小群狂熱者，當時的這群人裡面，已有兩人因自我追蹤和實驗而聞名。

暢銷書《一週工作四小時》的作者費里斯也出席了那場聚會。就跟生活駭客這個標籤一樣，費里斯不常提到量化生活一詞，但他確實認爲自己是個自我實驗者，並和凱利成了好朋友。在第一次量化生活聚會的兩年後，費里斯出版了《身體調校聖經》，這是一本追蹤和改善身體的技巧綱要（例如減脂增肌、改善性愛與睡眠品質），而他也在書中提出將自我追蹤和實驗主流化的想法。

參加那場聚會的，還包括心理學教授賽斯．羅勃茲（Seth Roberts）。時年五十四歲的羅勃茲是研究老鼠認知方面的專家，任職於北京清華大學和加州大學柏克萊分校。在那群狂熱者中，他已是一位著名的自我實驗家。

過去十五年的實驗讓羅勃茲學到了很多東西。一切都是由青春痘開始的。一位皮膚科醫師告訴羅勃茲，飲食對青春痘沒有影響，但羅勃茲發現，醫師開的抗生素藥丸也是：「我每天都盡最大努力去數新冒出來的青春痘。我改變了藥的服用量：第一週是每天服用某個數量，第二週服用另一個數量的藥，第三週則改回第一週的量。結果顯示，這些藥沒用。我把這個結果告訴皮膚科醫師，他非常困惑，也帶點惱火地問：『你爲什麼要這麼做？』」

除此之外，羅勃茲總結出，飲食**確實是**導致青春痘的因素之一。除了過氧化苯甲醯乳膏，維他命 B 也有幫助，不吃披薩、不喝無糖可樂也有幫助：「把這些都加在一起，我的青春痘減少了九○％。然後，正如預期的那樣，它漸漸消失了。」早期的經驗讓他對主流醫學產生了不信任，也對自己的實驗產生了信心。

在接下來的幾年裡，羅勃茲了解到，早上看電視裡面那些真人大小、會說話的人頭，能改善他的情緒；不吃早餐和每天站立八小時以上，改善了他的睡眠。他提出的理論是：我們的史前祖先大部分時間都站著。他們不吃早餐，而且早上起床後第一件事就是看別人的臉。站著，再加上清晨的陽光，也可以防止感冒。最重要的是，羅勃茲發現，飲用不加調味劑的糖水能顯著減重，並長期維持效果。

羅勃茲的理論是，聞起來和吃起來都不錯的食物，會讓身體認爲現在是儲存脂肪以應對未來匱乏的好時機，因此會增加食欲；沒有太多氣味的熱量則能欺騙身體，認爲自己正處於貧困時期，於是減少飢餓感和儲存的脂肪量。羅勃茲不同尋常的方法和新穎的理論，在二○○五年時得到了《蘋果橘子經濟學》一書作者們的推崇。二○○六年，他出版了《香格里拉健康減重密碼》一書，書名指的是一個神話般的烏托邦式輕鬆減重法。這本書賣得很好，尤其是在駭客族群中。數百人在他的網站上分享自己的實驗、結果和理論。其中一個熱門話題是夾鼻子，也就是在吃飯時佩戴游泳用的鼻夾，以減少嗅覺和味覺。

在出版香格里拉減重法後的幾年裡，羅勃茲繼續他的實驗，並在部落格、論壇和講座上討論它們。例如，他發現自己可以像鶴一樣單腳站立，直到精疲力竭，以減少站立時間。等到腿的耐力增加後，他開始從單腳站變成彎著膝蓋站：「即使這樣做好幾天後，我仍會在某段時間內（比如八分鐘）感到疲勞。」

他也繼續試驗自己的飲食。有一天，他吃了一些剩下的五花肉，那晚睡得很好，而且隔天感覺精力更充沛。為了證實這一點，他追蹤了自己的睡眠品質與每天是否攝取兩百五十克豬油之間的關係。幾年後，他總結：「我學到的是，豬油眞的很有幫助……我們常聽說動物脂肪不好，但一個簡單的實驗顯示它很好；至少對我來說。這是多麼奇怪啊。」

就像每天站八小時很不方便一樣，吃五花肉也沒那麼方便。在吃不到豬肉的日子裡，羅勃茲找到了一種更容易取得的脂肪來源。在一家餐廳吃午餐時，他多吃了兩份奶油：「午餐後幾個小時，我覺得腦中有種愉悅的暖意，但五花肉並沒有這種效果。也許比起五花肉，奶油對大腦更有益。於是我把五花肉換成了奶油。」

多年來，羅勃茲一直透過電腦記錄他對簡單挑戰（像是加法）的反應時間，以追蹤大腦日常功能。他開始吃奶油後（每天半條，約六十克），他注意到反應時間縮短了，從平均每次六五〇毫秒變成六二〇毫秒。他的方法啓發了其他人對咖啡因、大豆、亞麻籽油和魚油的測試。

即使羅勃茲的大腦有了進步，他還是擔心這種做法是否無異於自殺，正如一位心臟病專家在他的演講中所說的。羅勃茲得出的結論是，這位心臟病專家並沒有動物脂肪和心臟病關連的證據。此外，多年來，所謂的專家在飲食方面的建議一直「完全錯誤」，所以羅勃茲對那些警告大家不要食用飽和脂肪、糖和加工食品的人，仍抱持懷疑態度。羅勃茲信任自己的數據更甚於專家，而且他有一個衡量自己心臟健康的標準。

> 在發現奶油效用的幾個月前，我做了一次心臟掃描——對循環系統進行斷層掃描。這些

圖 6 賽斯・羅勃茲（Seth Roberts）在他的跑步機辦公桌上。來源：CalorieLab.com。

掃描的結果以鈣化指數（Agatston score）來表示血管硬化的程度，是預測未來幾年是否會心臟病發作的最好指標。在每天吃半條奶油的一年後，我做了第二次心臟掃描。值得注意的是，我的鈣化指數有進步（鈣化減少了），這是很罕見的狀況。很顯然的，心臟病發作的風險也降低了。

悲傷而諷刺的是，這篇文章在他死後才刊出。二〇一四年四月二十八日，也就是他去世兩天後，〈賽斯．羅勃茲的最後一篇專欄：奶油讓我更聰明〉發表在《紐約觀察家報》上，這段文字即是該篇文章的最後一段。

二〇〇四年五月，羅勃茲的母親在部落格上公布了她所知道的情況：他死於冠狀動脈疾病和心臟肥大。她沒有最近的膽固醇數據，但手邊的資料顯示，除了一份汞含量過高的報告（可能是吃魚和住在北京的結果），沒有心臟病風險。許多朋友和粉絲在網路上都發表了悼詞。二〇一五年舊金山的量化生活大會上，理查．斯普拉格（Richard Sprague）談到自己受到羅勃茲啓發，以魚油做實驗。斯普拉格展示了羅勃茲死前一個月的大腦反應時間測試表。四月二十五日，也就是他去世的前一天，測驗結果是有紀錄以來最好的一次。

斯普拉格最後提出了一個問題：羅勃茲和其他自我實驗者在試圖盡量縮短反應時間的同時，是否只是拿一樣東西去換另一樣東西？他不知道答案，但他知道羅勃茲會說什麼：

「繼續測量！」

專家、經驗與不確定性

坐在觀衆席上，我因自己在網路上認識的這個人過世感到悲傷，也為斯普拉格的演講突然結束感到沮喪。是的，羅勃茲會鼓勵其他人繼續測量，但為什麼呢？測量和實驗到底給了你什麼，尤其是當你可能會傷害自己的時候？

正如沃爾夫所指出，自我追蹤可能是強制性，甚至是強迫性的。對分析型的人來說，追蹤和尋找模式的過程會讓他們受到一種強大的偏見影響，而這種偏見自有其吸引力。模式妄想（apophenia）是人類傾向於在隨機事物中看到模式、在雜訊中看到信號的表現。它可以是集群錯覺（clustering illusion）：當我們忘記隨機數據可能成群出現；或幻想性錯視（pareidolia）：例如在靜默中聽到聲音，或在烤焦的麵包中看見人臉。模式妄想還會將我們引向虛假的相關性。

如果你喜歡尋找模式，那麼擁有的數據越多，找到的模式也就越多；無論實際存在的究竟有多少。不加選擇地發現模式既是個優點，也是項缺點，而羅勃茲認為，應該要偏重於有好處的這一邊。傳統科學過於注重漸進式改進，但他想要的是意想不到的關連和新穎的理論。

羅勃茲的青春痘和奶油實驗也源於之前討論過的兩種駭客動機：標稱的（治療性的）與最佳的（增強性的）。治療如青春痘的小病，是標稱的駭客；把個人能力（如大腦表現）最大化，則是最佳駭客。

數位時代本身的某些層面也讓自我治療變得深具吸引力。首先是專業知識的不確定性。社會學家安東尼．紀登斯（Anthony Giddens）等人認爲，啓蒙思想家天眞地以爲，人類可以用理性的確定性來取代神祕思維和隨機形成的傳統，但理性並沒有帶來一個越來越確定的世界，反而是一個以方法論來懷疑的世界。

這是理所當然的。在形式邏輯之外，推理永遠不是確定的，只能是合理的。儘管如此，紀登斯關於「天眞」的觀點仍然成立，尤其在二十一世紀。

網路資訊過剩，並不代表每個人都能對情況有更深刻的了解；相反的，它導致一些人天眞地懷疑和愚蠢地輕信。那些聲稱疫苗會導致自閉症的人認爲，自己是見多識廣的思辨者，但他們觀念上的混淆卻導致了麻疹再次流行。當本週的健康報導與上週的文章互相矛盾時，即使是那些想遵循明智共識的人，也會感到困惑。咖啡對我們是好是壞？我們到底該相信誰？

量化生活觀點橫跨兩種獲得資訊的方法：一種是**專家**的觀點，另一種是我們自己的**經驗**。這兩個詞都和實驗有關，都源於拉丁字根 experiri，意思是嘗試或測試。那麼，我們該相信哪一邊？

專家的健康建議乃基於可信的理論，以及重大且可複製的發現，後者通常透過兩種方法來實現。第一，研究人員先在大規模群體中尋找相關性（例如吸菸者是否較易罹患疾病）；第二是進行實驗（例如完成戒菸計畫的人是否比未完成的人更健康）。無論是哪一種方式，研究樣本數越大（如兩千個），越能增加研究結果的可靠性。這些發現可能會促成或支持一個合理的理論（例如香菸所含的化學物質會傷害人體組織）。

大規模樣本研究是科學的黃金標準。如果做得好，它們會產生高度可信和可應用的結果；更重要的是，擁有不同的實驗樣本群組，可以幫助我們糾正常見的認知偏誤。設置對照組，可以揭露某種症狀很快就會自行消失；安慰劑組能告訴我們，即使給予虛假治療，人們也會有所改善；替代方案組可以揭露現有療法的療效、成本和副作用仍優於新療法。正如我們在第四章看到的，許多流行的健康和勵志建議，其實都來自於未達此標準的研究。

另一方面，自我實驗者的建議則往往根據單一實驗樣本的獨特經驗。他們經常追蹤各式各樣的事物，並尋找相關性。例如羅勃茲經常追蹤自己的大腦反應時間，並注意到當他吃了很多奶油時，大腦反應時間也會縮短。他們還會進行實驗，例如羅勃茲後來爲了找到最適合的奶油攝取量，而不斷調整與測試。自我實驗者會透過對照（站立／未站立）和提出替代品（豬油／奶油）進行實驗，但他們往往以某種隨意的方式進行。

如果只有一個人的話，其實很難從日常生活的雜訊中分離出具有效果的信號。你如何解開自己每天站立多久、看了多少張臉、消耗多少脂肪的謎團？此外，由於青春痘通常隨著年齡增長而好轉，單憑一個樣本，很難區分這究竟是正常的緩和或治療帶來的成效；再說，玩弄抗生素的劑量並不是個好主意，尤其是在第一週。

我不記得羅勃茲曾使用安慰劑進行過任何自我實驗。他的許多干預研究（比如站立），很難騙倒任何人，更別說是你了。羅勃茲聲稱，因爲他的大多數發現最初都是偶然的，所以不可能是安慰劑效應的結果；但仍很容易看到隨機變數，接著把它挑出來，並在安慰劑效應下證實它。當我讀到羅勃茲關於改善睡眠的一系列內容時（例如不吃早餐、站立、吃脂肪、吃蜂蜜、服用維他命D3、接觸橘色光），我不禁想知道，如果他還需要另一種方法，不就代表之前的方法效果不彰嗎？

這並不是貶低自我實驗者在科學中扮演的角色，研究者拿自己做實驗的歷史不可勝數：皮耶·居禮（Pierre Curie）把鐳鹽綁在自己的手臂上，以證明輻射會灼傷皮膚；居禮夫婦也提出輻射可殺死癌細胞（但沒有想到它也會導致癌症）的說法。這則軼事與其他成功案例，在在讓人感受到自我實驗的價值。如果實驗者成功了，那或許有價值，但歷史書不太可能收錄那些傷害自己卻毫無收穫者的許多故事。

單一受試者研究確實有些優勢。傳統的研究、診斷和治療都是根據平均值的概念，也就是位於常態分布曲線中心的多數人，卻不包括這範圍以外的離群值。但事實上，地球上有數十億人，每個人都有獨特的基因和環境特徵，也因此大家在某種程度上都是異類，自我實驗是爲離群的自己量身定做的。

同時，在公民科學領域也有許多令人振奮的工作正在進行。非科學家根據安全而嚴格的協議參與數據的蒐集和分析，是非常了不起的事情。想像一下，數百萬人在日常生活中佩戴追蹤器進行大數據研究是什麼樣子（我認爲這可說是大樣本研究，假設樣本數是一乘以五百萬，意思就是有五百萬名自我實驗者同時進行）。嚴格且合乎研究倫理地做這件事很有挑戰性，但非常值得。

健康駭客還指出，傳統科學和醫療保健有著重大問題。羅勃茲認爲，健康專家對他們正在推廣的治療，往往誇大其好處，卻低估其成本。專家的飲食建議多年來一直是完全錯誤的。羅勃茲寫道，他曾被告知動物脂肪有害，但五花肉實驗表明，「它很好，至少對我來說。」還有一個簡單的信任問題：醫療產業眞的在幫助你嗎？你有負擔得起的醫療保險嗎？在美國，有些人甚至會在亞馬遜上購買寵物抗生素，做爲個人使用的廉價替代品。

除了這些問題，日常的醫療保健經驗可能也會讓人敬而遠之。凱伊·史托納對於要依賴那些幾乎不了解她的人感到不安。

我們所接收到的資訊是，訓練有素的專業人士是唯一有資格確保我們生活品質的人；但在我看來，這助長了一種對永遠不會發生之事的人爲依賴（和期望）。比方說，你以爲可以從別人那裡得到自己需要的一切，但他們根本沒有時間把工作做到位。如果醫師每次只能替你看診十五分鐘，而你一年只給他們看四到五次，等於他們每年只有一小時的時間來了解你和你的健康／生活狀況。這對所有人都沒有幫助。

我們很容易理解，像史托納這樣的人爲什麼會轉向健康駭客。這麼做很明顯有害，但也可能從中獲益。慢性疾病——包括偏頭痛、糖尿病和過敏，都是很令人痛苦的，這些患者尋求任何可能有幫助的事物。事實證明，追蹤和實驗對這些症狀確實有用，能跟專業人員一起進行的話，就更理想了。史托納似乎發現了這一點，但羅勃茲沒有。爲了在反應時間測試中縮短三十毫秒（五％）而吃半條奶油是另一回事，是以不確定但重大的傷害，換取不太可能或微不足道的利益。

駭客確實有權自行承擔個人風險，然而當自我實驗代表著放棄嚴謹時，更讓人擔憂的問題就出現了。儘管傳統科學和醫療保健存在著諸多問題，卻並不代表替代方案一定更好。

賈伯斯喜歡用針灸和營養補充劑來治療癌症，而沒有選擇動手術，這可能是導致他早逝的原因之一。同樣的，儘管過去幾十年來，始終缺乏一致的飲食建議，但這不表示什麼都能拿自我追蹤和實驗當幌子。不幸的是，這般見解未必會被這些自詡聰明的駭客牢記在心。

營養補充品和勵志語錄的吸引力

在勵志史上，有些大師是從銷售營養補充品開始其職涯的。二〇〇〇年，也就是費里斯從普林斯頓大學畢業的那一年，他開始銷售號稱「世界上第一個神經加速器」的營養補充品「迅思」（BrainQUICKEN）：

迅思是一種經實驗室測試的高性能產品，經過科學設計，能快速提高神經傳輸和資訊處理（知覺聚焦、記憶儲存、回憶）速度，每次服用後，可維持二至六小時的效果。

臨床實驗證實，迅思所含的活性化學成分確實有效，其結果並獲超過四千項科學研究引用。透過電腦測試，這十八種活性成分中，只要服用一種，就能安全地提高短期記憶和反應速度達三五％以上。迅思正在申請專利。

這種營養補充品就是所謂的「聰明藥」，可提高認知敏銳度和記憶力。費里斯在網路上出售的營養補充品「保證能在三十分鐘或更短時間內產生效果，並經哈佛、普林斯頓、耶魯、牛津和東京大學優秀學生證實」。

這種可疑營養補充品所號稱的效果太常見了。儘管迅思進行過實驗室測試（不管這到底是什麼意思），卻沒有證據顯示它有獨立和對照研究。就算實驗結果表明所有成分都是安全的，它們之間的相互作用是什麼？更何況，申請專利只是十九世紀庸醫騙術（Quackery）的最新版本。庸醫騙術這個詞來自於quacksalver，意指中世紀的賣藥小販，最大的優點就是嗓門夠大，即使在擁擠的市場中叫賣也能聽見。後來的庸醫則宣稱他們的祕方有獨家專利，因此有了「專利藥品」（patent medicine）一詞。我懷疑費里斯提交了一份臨時的專利申請，這樣才能在文案裡說「正在申請專利」。

迅思最初的銷售成績並不好，但費里斯注意到顧客回報了一些身體方面的效果：「我聽到美國全國大學生體育協會的明星運動員說：『我跳得更高了！』『我的速度變快了！』」於是，他將產品重新命名爲「迅體」（BodyQuick），改以運動員爲目標族群：「我認爲人們想變得更聰明，事實也確實如此。但他們不願意爲此花五十美元。」然後，正如他在《一週工作四小時》書中所寫的，成功隨之而來（成功的程度則有待商榷），而經營這一切的壓力促使他逃到海外。在那裡，他學會了遠端管理，並把學到的東西寫成一本書。

費里斯並不是第一個從營養補充品推銷員變成勵志大師的人。事實上，營養補充品推銷員有很多分支，從沿街的到電視上的，再到網路上的。

一九五三年，約翰·厄爾·夏夫（John Earl Shoaff）在加州長灘參加一個有關「成功法則」的研討會，講者是一家營養補充品公司的創始人詹姆斯·瓊斯（James B. Jones）。瓊斯是一名推銷員，也擅長勵志性演說。夏夫深受啓發，後來不但加入了瓊斯的公司，還效仿他一邊演說，一邊賣產品。夏夫後來成立了自己的公司，而當吉姆·羅恩（Jim Rohn）加入時，這種模式再次被重複。

羅恩於一九八五年出版的作品《快樂致富：獲得財富與快樂的七項策略》，就是一本由夏夫傳授給羅恩的智慧綱要。他們在一次銷售會議上相遇後，夏夫僱用了羅恩；而在接下來的五年裡，羅恩說自己「從夏夫先生那裡學到了很多人生道理。他待我如兒子，花很多時間把他的個人哲學傳授給我」。

夏夫很年輕就去世了，羅恩則牢牢地從他手中接過了火炬，並繼續販賣營養補充品和研討會。一九七〇年代起，羅恩開始帶領東尼·羅賓斯，而羅賓斯年僅十七歲時，就成爲羅恩研討會的籌辦人。

羅賓斯可能是美國最有名的勵志大師，儘管他的紀錄片標題就寫著「我不是你的大師」。羅賓斯不是那種挨家挨戶登門拜訪的銷售員，而是一位電視購物明星，透過電波銷售自己的研討會（當然，也賣營養補充品）。當羅賓斯出現在《提摩西．費里斯秀》（*Tim Ferriss Show*）時，他和費里斯討論了吉姆．羅恩的深遠影響。有名言蒐集癖的費里斯說，他很驚訝這麼多名言竟都是出自羅恩之口。

身爲一個經常失眠的孩子，小時候的費里斯看了許多深夜的電視購物節目；大學時代，當他開始自己的事業時，就把這些節目當做範本。除了用資料夾蒐集許多有說服力的廣告，他還會打電話到節目去，以解構對方的銷售腳本和策略，這一點在迅思的行銷中明顯看得出來。費里斯延續了羅恩的衣缽，繼續在網路上販售營養補充品和自我成長建議。

除此之外，費里斯簡直就是一本無與倫比的藥理學綱要。正如一位評論家對《身體調校聖經》的評論：「費里斯先生談到了一種由果汁、堅果、毒物和藥物組成的女巫飲品。以下是前幾章典型的內文：『肥胖？嘗試定時攝取蛋白質和餐前檸檬汁。肌肉量不足？試試生薑和德國酸菜。睡不著？試著增加你的飽和脂肪，或暴露在寒冷中。』」

這些廚房裡的干預措施就像許多營養補充品一樣，**大部分**是無害的，但實驗並非完全沒有危險。費里斯曾因服用高劑量白藜蘆醇而導致嚴重腹瀉，這種化合物存在於葡萄酒中，可以增加耐力和壽命——至少對老鼠來說是這樣。費里斯想讓體育科學實驗室那些人對他的耐力刮目相看，於是吃了一大堆藥丸，卻沒意識到它們還含有瀉藥成分。他劇烈痙攣、大量出汗，在廁所裡待了四十五分鐘，也算是另一種耐力紀錄。

費里斯和其他人發現，營養補充品和勵志語錄很有吸引力，因爲這些東西是工具：小巧且容易消化，卻能提升身體和大腦能力——至少他們是這麼認爲的。

這對我有效，就是有效

駭客文化是由三家舊金山灣區的出版商所培育的。我們已經見過史都華·布蘭德（《全球型錄》那位）和凱文·凱利（《連線》、酷工具和量化生活），第三位是出版商提姆·歐萊禮，他的公司所出版的科技書籍深受軟體工程師喜愛。和另外兩位一樣，歐萊禮也是一位召集人，規畫科技相關主題的會議，並讓新的名詞和運動不斷出現在這些會議上，包括 Web 2.0 和**開源軟體**。

回想一下，關於生活駭客的第一次討論，就是在歐萊禮主辦的會議上。奧布蘭恩和曼恩首先在歐萊禮的《製作》雜誌專欄中撰寫相關文章，而且他們本打算爲歐萊禮的駭客系列出一本書。

當歐萊禮加入凱利的「酷工具」播客時，他分享了一些自己最喜歡的營養補充品：「它們有點神奇……並不是對每個人都有效。」對於感冒，歐萊禮推薦感冒靈和黑接骨木的組合：「有些人覺得這是騙人的藥，但我想起我爸，他是一位神經學家，他談到針灸時曾說過：『它一點也不合理，但如果它有效，就是有效。』」

此外，布蘭德也讓歐萊禮愛上一種抗老化、增強能量的營養補充品：「布蘭德說『你應該試試這個』，所以我去試了……我覺得它讓我年輕了十歲。」這款產品由著名的柏克萊大學生化學家布魯斯．艾姆斯（Bruce Ames）推薦，尤其讓歐萊禮欣賞：「（艾姆斯）說這對他沒什麼用，但科學顯示它應該有用。我喜歡他承認這東西並非適用於所有人這一點。」

歐萊禮的這兩項推薦都觸及了科學基本原理、似是而非的理論和嚴謹的結果，然而他的例子沒有達到夠高的標準。科學理論指出，布蘭德推薦的能量營養補充品應該有用，但結果並不一致——儘管它對布蘭德和歐萊禮都有效。另一方面，就像針灸的能量經絡理論沒有任何意義，在嚴謹的研究下也未顯示出任何結果。但即使針灸療法和這種營養補充品都沒有堅實的理論和成果支持，卻似乎對某些人有效，使得它們「有點神奇」。

爲什麼我們會在這些理性者身上看到「有點神奇」和「對我有用」的想法？正如前面討論過的，啓蒙運動、現代化和數位時代的特徵，就是**不斷上升**的不確定性，使得人們自然而然地開始尋找填補空白的方法，尤其在面對個人痛苦時。

除了對實驗的偏好，駭客心態中還有一種固有的樂觀主義：只要有一定程度的理解和智慧，應該就能破解人體的局限性。這種信念並非基於超自然現象，而是透過推斷得出的。一些高科技創新正以指數級速度在發展，因此像雷．庫茲威爾這樣的科技專家服用各種營養補充品，希望能活到生物技術進步到擊敗衰老的那一刻。其他矽谷高階主管們也正試圖預防老化，方法是花八千美元輸入年輕人的血液。

這種對科技的信念並非毫無根據，通往非凡未來的重要第一步也已開始了。有些人認爲，量化生活的其中一個優點是客製化醫療：根據患者特定的生物狀態和歷史，量身打造醫療干預措施。舉例來說，近幾十年來，已知約有二五％乳癌患者有ＨＥＲ２蛋白的基因。這些患者通常會服用一種針對這種蛋白質的藥物。隨著基因定序和患者追蹤技術的進步，這樣的客製化將變得司空見慣。但我們還沒走到那裡。

這種思維的另一種簡單解釋是人類的天性：對安慰劑效應和隨機變數的警告置之罔聞，就是相信自己的生活經驗。我也有這種傾向，一覺得好像要感冒了，就會服用鋅錠。雖然研究指出，鋅的功效微乎其微，還會讓味覺變遲鈍，但我過去的經驗是，吃了鋅錠後，感冒就好轉了，且從未出現長期影響。這對我有效。至於我太太，她比較喜歡熱托迪酒：一種混合了檸檬、烈酒和蜂蜜的飲料。這兩種方法的優點是它們早就爲人所知、無害，而且成本低廉。

人人都有權使用自己偏愛的無害療法，但新奇的東西不太可能安全或有效，還往往是別人的利潤來源，值得仔細研究。「如果有效，就是有效」的說法，只有在干預措施比虛假治療或已證實的替代療法更有效、成本更低（金錢和風險）的情況下，才說得過去。

消除選擇帶來的焦慮

羅布·萊茵哈特（Rob Rhinehart）將駭客精神應用在自己生活中的各個層面。他是一位極簡主義者，而且很喜歡挑戰。萊茵哈特的家只用一塊一百瓦的太陽能板供電，他還挑戰過每天用水不超過四公升。根據他的計算，比起洗髒衣服，定期將衣服捐贈給慈善機構，再從中國買訂製服更有效率也更環保——這讓人想起泰南丟掉小面額硬幣的事。在飲食方面，他相信自己可以設計出一種有營養的代餐。

二〇一三年，這位軟體工程師發表了一篇名爲〈我如何戒掉食物〉的文章，講述他用沖泡式代餐粉（雙豆飲的前身）進行三十天實驗後發現的益處。萊茵哈特研究了教科書和食品藥物管理局（FDA）的出版品，並在網路上訂購了一些營養素。萊茵哈特在部落格發表了相關文章，網友則發表評論並提出建議。他免費贈送自己調配的代餐粉，給那些願意提供血檢報告的讀者：「如果在使用前後都進行心理評估，還能得到額外的獎勵；畢竟大腦也是一個器官（需要研究和觀察）。」

萊茵哈特的自我實驗成果相當卓越，他說自己的皮膚更健康、牙齒更白、頭髮更濃密，頭皮屑也不見了。他覺得自己就像無敵金剛：體格變好、耐力增強，心智表現也比過去任何時候更敏銳。他的覺察力提高了，還發現音樂比以前更令人愉悅。萊茵哈特驚訝地說：「我注意到周遭的美和藝術，那是我從未注意過的。」就他的「量化飲食」而言，他的渴望和味覺需求終於達到了平衡，他能完全看清與控制進入身體的東西。

我很早就從萊茵哈特的部落格上注意到雙豆飲，卻也因爲這所有的好處而持懷疑態度，畢竟他聽起來就像個高科技庸醫，兜售著並不那麼美味的長生不老藥。在發展過程中，從二〇一四年初的一．〇版到二〇一六年底的一．七版，雙豆飲的使用者一直在抱怨腸胃不適和脹氣的問題（二．〇版是二〇一五年推出的即飲版）。

隨著產品成熟，萊茵哈特停止了健康聲明，並轉移行銷焦點。二〇一五年，他宣稱雙豆飲「可能是有史以來最具生態效率的食物」。長生不老藥淘汰，高效率食物當紅。即使它不能改善健康，但至少可用低成本提供方便的營養來源。然而在二〇一七年初，他的部落格被愛默生一段難以理解的引言取代：「毫無疑問的，我們沒有無法回答的問題要問。」這意思是，我們提出的任何問題都會有答案，只要有足夠的毅力。我懷疑他在雙豆飲的投資者和律師要求下，關閉了自己的網站。

很顯然，關閉網站還不夠。二〇一七年，萊茵哈特辭去雙豆飲執行長一職，轉任執行董事長。雙豆飲的愛用者擔心，投資者想把雙豆飲打造成高端菁英商品，而非人人都能採用的營養替代方案。

我自己也認識一些用代餐來取代早餐或午餐的人（但他們並非本書所指涉的對象）。一如人們對量化深信不疑、相信經驗優於專業知識，以及容易受到高科技小玩意的誘惑，他們選擇雙豆飲的原因，正好反映出其性格與數位時代的特徵。

＊＊＊

我是在公園裡認識朗恩的：我們的狗玩在一起。透過簡短的交談，我知道他是一名軟體工程師，他也知道我寫過一本關於維基百科的書，而我們都是極客。從他的穿著來看，我不禁覺得他會是本書的好素材。羅恩經常穿一套有顏色的T恤，上面印著星期幾的字樣。星期三時，他穿了一件綠色的「星期三」T恤；隔天，他穿了一件海軍藍的「星期四」。我採訪他時，他說自己穿這些衣服是爲了要用簡單而重複的東西做成制服，以減少日常認知的負荷。

羅恩在網路上搜尋，看看這樣的衣服是否存在。的確，這類服飾可以在極簡主義T恤網站上買到，不過這個網站已經關閉了。許多極客和設計師也做過類似的事，包括賈伯斯總是穿著藍色牛仔褲和黑色高領毛衣。

數位時代不確定性的另一面，是人們擁有大量的選擇：我們獲邀去評價、按讚、點擊和瀏覽生活的每一個層面。雖然這聽起來很棒，但矛盾的是，這些選擇也可能會引發焦慮，因爲我們浪費時間決定要選擇什麼，再質疑自己的決定。有些人會向名人尋求指引，例如成千上萬的人認爲，只要某樣東西在葛妮絲．派特洛的網站上販賣，就表示它一定管用，包括「促進療癒的身體貼紙」。

儘管駭客喜歡特定領域中的多樣選擇和複雜性，但在其他的領域裡，他們會追求簡化。裝備清單和極簡主義是簡化他們與物品關係的兩種方法：優先考慮有價值的東西，然後拋棄其他的。就像極簡主義之於物品，代餐之於營養。

雙豆飲讓朗恩可以簡化許多部分：節省時間（購物、煮飯和打掃）、金錢（這是一種便宜的營養來源）和避免浪費（可以存放數星期）。他午餐就吃這個，除非和同事出去才會吃食物。

我問朗恩，怎麼會想到要嘗試雙豆飲，他說這與他對比特幣的興趣有關。朗恩曾看過萊茵哈特的早期實驗，並指出同爲軟體工程師，他能認同萊茵哈特對營養的看法。在一場暢銷產品的募資活動中，當萊茵哈特宣布可以接受比特幣時，朗恩就加入了。

「科技藝術」網站的資深編輯李・哈欽森（Lee Hutchinson）寫道，雙豆飲將人們分爲兩類，一種是厭惡這個想法的人，另一種是迫切想收到貨的人。後者之所以選擇雙豆飲，因爲他們是極客型的人；對他們來說，烹飪是一種邏輯模糊的模擬過程，會引發焦慮（相較之下，他們認爲烘焙更具確定性），此外，它還能幫助那些與食物有不健康關係的人。

雙豆飲是食物界的美沙冬（鴉片類藥物）。它並不是科幻小說裡那種神奇的食物藥丸，但確實有很多那種藥丸的特點：讓人飽腹又不美味、不會像暴飲暴食時那樣產生腦內啡刺激，而且很容易準備。你可以用它來代替零食或一些正餐（你願意的話，甚至能取代所有正餐），而不必對抗欲望。

或者，用另一種方式來比喻，如果你習慣只吃雞塊和熱狗，那麼要你做一份健康的沙拉或去餐館時只點一份沙拉，似乎比吃更多雞塊和熱狗還費力。雙豆飲正是能解決這種問題的東西，可以爲身體提供能量，卻不會因爲吃錯東西而引發焦慮或變得更加沮喪。

但似乎有些矛盾的是，有些雙豆飲的消費者喜歡鑽研營養和血液檢查的細節，但另一些人之所以選擇它，是因爲它的簡單。表面上看起來，選擇簡單似乎和駭客喜歡複雜性的特質自相矛盾，但對他們來說並不會。

正如我們看到的，如果最終能獲得一個可在將來持續使用的系統，駭客是很樂意投入時間和精力的。泰南在談到自動化的好處時寫道：「我喜歡報酬時間非常長的一次性投資。我之所以把**超人**放進書名裡，是因爲許多時候只要設置簡單的系統，就能讓你看起來像超人……而且可以長期享有這些好處，幾乎不需要維護。」

此外，生活駭客也喜歡抽象和模組化，可以用來掌握複雜的系統。假設在某個應用程式中，我需要對一份姓名清單排序。我不必管功能函數是怎麼運作的，只要將名單傳給它，它就會幫我排好。在這個流程裡，排序是模組化的，而我不需要知道細節。如果我必須了解它的原理並製作自己專屬的版本，當然可以這麼做，否則全部交給函數就好。

當萊茵哈特寫到他能「完全看清與控制」時，這表示他和其他愛好者都可以設計雙豆飲配方，但大多數使用者毋須爲此煩惱。因爲這個過程是透明的，如果有需要，大家都能加入對話；而一旦完成了初步研究，使用者就可以省去準備一頓飯的認知負擔。

簡而言之，駭客習慣處理複雜的系統，也習慣擁有許多選擇，但他們一開始就設好了預設值，如此一來，就可以專注於他們最感興趣的東西。就像科林．萊特關於極簡主義的描述：它就是刪除你不在意的東西——你不需要的東西，於是你可以把更多精力投入在自己熱愛的事情上。

就像軟體和其他東西，現在食物也是如此。

我想相信

就像凱利和沃爾夫，克里斯．安德森（Chris Anderson）是《連線》雜誌的另一位傑出編輯，並於二〇〇一年至二〇一二年擔任總編輯。在凱利的第一次聚會後不久，儘管安德森心裡有很多疑問，他仍開始進行自我追蹤。二〇一六年四月，在多年的自我追蹤（活動、工作、睡眠）後，他在推特上宣布，這是「毫無意義的。根本沒有得到任何並非顯而易見的教訓或激勵 :(」。

有些人在文章底下留言，爲這種做法辯護：他們知道哪些食物會導致體重增加、享受繪製數據圖表的感覺，據說還有人因此自我診斷出連專業人士都沒發現的疾病；有些人繼續追蹤，希望未來更好的分析技術能帶來一些新見解；其他人則同意安德森的觀點，並分享他們對不可靠設備和數據的失望或沮喪。

史都華．布蘭德回應：「因爲我比克里斯懶惰，所以我只做了幾個月的自我追蹤。並不是所有發光的東西都是金子。」經證明，自我追蹤是認識自我的近敵。當安德森被問到爲什麼他堅持這麼久時，他簡短地回答：「我想相信。」

這一章是關於量化生活的願景，它指向個人內在，透過數字來認識自我。凱利和其他人認為，任何由此產生的洞見，都可能解決遙遠地平線那端的重大問題：人類是什麼？我們必然是生物性的嗎？一定會死嗎？

不論是尋常或宇宙規模的問題，都很吸引人。首先，誰不想睡得更好、保持良好身形、擺脫所有身體帶來的尷尬和痛苦（尤其是隨著年齡增長而來）？夠謹慎的話，自我追蹤和實驗確實有用。另一方面，儘管凱利表示這些答案「將在個人身上找到」，但個體並不是靈丹妙藥，「它對我有用」很可能完全不是這麼回事。

其次，任何看著仿生英雄長大的人，都會覺得電子生化人和機器智慧很有趣。有些人認為，儘管未來充滿不確定，但這是種有價值的願景，也給了他們希望。不過這類對於眼前利益和遙遠可能的展望，並不總是那麼清晰。

我們已經看到，數位時代豐富的資訊和選擇可能會令人難以負荷。我們不確定該聽誰的建議、該相信誰。像羅勃茲這樣的駭客，自然會選擇自己承擔責任、相信自己的系統和如何生活得更好的公式。這通常出於某些好的理由，卻不總是能帶來好的結果。

基本上，駭客是一群樂觀的人；他們之所以想相信，只是為了想要擁有控制感和意義（如果沒有其他原因的話）。正如前面提過，凱利推特的置頂貼文是「從長遠的角度來看，未來是由樂觀主義者決定的」。超人類主義者、反熵主義者、駭客、最佳化樂觀主義者……他們不只是在預測未來，更是正在努力創造它。在實驗、系統和營養補充品的輔助下，他們努力成爲超人：更強壯、更聰明——即使只有三十毫秒。另一方面，那些奔向未來、只凝視著遠方的人，也很容易忽略即將逼近眼前的邊界。

7 戀愛駭客

如果愛情也能用工具來管理

二〇〇五年，尼爾．史特勞斯的暢銷書《把妹達人》將某種鮮爲人知的次文化置於聚光燈下。這本書的主角是位有抱負的魔術師，藝名「謎男」。多年來，謎男不斷爲網路泡妞論壇提供大量文章。在那裡，「把妹達人」們會討論他們的把妹理論，並發布在現實世界進行實驗的現場報告。《把妹達人》描述了一群住在洛杉磯豪宅裡的人們，及其「好萊塢計畫」的興起和瓦解過程。

數位遊牧者和自我成長超人泰南也是這個計畫的參與者，他寫道，書的後半部分描述「謎男和我開工作坊教學、我搶了他的女友（兩次）、『搖滾壞女孩』寇特妮．洛芙（Courtney Love）搬進來、我第二次嘗試多階段睡眠，還有一大堆偉大的故事」。這本書引起轟動，因爲它所講述男性狂歡與分手的故事，可以當成八卦小報、人物研究、操作手冊，**以及**文化起訴書。每個人都能從中找到自己想看的東西。

《把妹達人》中描述的許多男人都利用了這本書受歡迎的程度，即使其中許多評論是批評性的；至於那些舉辦把妹研討會和工作坊的人，生意變得更好了。泰南接著寫了《讓她倒追：不是高富帥，也能吸引女神下凡來》，謎男寫了《把妹達人之謎男法則：如何讓美女爬上你的床》，之後還有相關的實境秀節目。

謎男將他的把妹方法稱爲「得到女人的演算法」。大多數讀者關心的唯一數字是「那個穿著緊身毛衣女孩的電話號碼」，但演算法才是一場可靠遊戲的關鍵，他聲稱自己發明了那個演算法。

生活駭客會在生命的每個領域都使用系統和演算法。回想一下保羅．布赫海特的信念：「整個現實世界就是個有系統的系統。」而有系統的地方，就有遭駭客入侵的可能。布赫海特還引用了費里斯的踢拳道錦標賽、羅勃茲的健康駭客，還有《把妹達人》爲證據。即使在電腦駭客中，**社交工程**也是一個潛在的安全漏洞：駭客利用假身分和話術技巧，好讓目標洩露帳戶密碼。如果電腦安全能被社交工程破解，爲什麼社會互動本身不能呢？

「所有的東西都是系統」這個觀點讓人想起了這種描述：對拿著鐵鎚的人來說，所有東西看起來都像釘子。這句格言有幾種變體，包括心理學家馬斯洛於一九六六年的沉思：「如果你唯一的工具是把鎚子，你會把任何東西都當成釘子來對待，我想這是難免的。」從這個角度思考生活駭客有兩個好處。首先，它強調了隱喻的力量：在生活駭客中，系統可被理解爲遊戲，而駭客技巧就是工具。

再者，馬斯洛之鎚暗示了一種批判：擁有工具可能會扭曲一個人的視野，並導致工具的誤用。駭客技巧是強大的工具，對那些相信現實是「有系統的系統，延伸到各個角落」的人來說，一切似乎都能用它的力量修正。但正如我們將看到的，過度依賴工具可能會讓你心痛。

要母胎單身到什麼時候？

如果你不了解「極客」（宅男）這種人物，就不可能理解「戀愛駭客」。身為一名極客，意味著置身主流以外，並經常處於次文化之中。一般來說，極客們並不以社交技巧著稱；他們的定義特徵是智力，以及對電腦、遊戲和動漫的熱情。因此，極客的自我認同中，往往同時存在著（和主流相比的）不安全感與優越感。

這種強烈反差並存的情況，可在一九九九年的經典網路故事〈為什麼我永遠交不到女友〉中看見。在文章裡，計算語言學家崔斯坦．米勒（Tristan Miller）用簡單的統計演算，證明自己為什麼不可能找到女朋友。他否認了「自身存在某種固有問題」的可能性，也不是他彆扭或缺乏時尚品味；相反的，這是一個數學問題：沒有那麼多合適的女性。

米勒的計算是這樣開始的：先找出全球的女性數量，再得出其中十八到二十五歲的人數；接著，他相信一名女子的美貌必須比標準高出兩個標準差，也必須聰明，但不需要像漂亮程度一樣高。在進一步篩選年齡、約會時間和相互吸引程度之後，全世界只剩下數千名可能的人選。但這些珍寶散落在茫茫人海之中，如果他每星期都和一名新對象約會，那麼要花上三千多個星期，才能一一約會完畢：「我們可以很有把握地說，在找到那個眾所周知的夢中情人前，我已經死了。」米勒在大約二十年前半開玩笑地寫了這篇文章，它展現了沒有伴侶的不安全感如何被高超的數學推理偽裝起來。

今天，在網路文化的痛苦邊緣，男人們談論著非自願單身者。隨著時間累積，他們可能會服下紅藥丸[23]、醒過來，加入另一個米格道（MGTOW）[24]。這些**理性男**（同時也是一個部落格的名稱）被困在一個系統中；在這個系統中，他的欲望要不就是遭到忽視，要不就是被拜金女之類的人利用。

不過，把妹達人們還沒有失去希望。他們相信一個拙男[25]可以變成阿法男[26]（男性主義文化充滿了流行文化參考資料、行話和各種縮寫）。把妹達人運用理性來辨識勾引女性

23 來源是電影《駭客任務》中的橋段。電影中的紅藥丸能讓人認清真相，但需要面對真實世界的殘酷；藍藥丸則讓人回歸沉眠、繼續受機器奴役。後來被套用至兩性理論中（即「紅藥丸理論」），從男性視角出發，強調自己必須覺醒，才能改變女尊男卑的奉獻關係。

24 男人自行之路（**men going their own way**）的簡稱，是以網路、論壇和社交媒體為平臺的匿名虛擬社群，致力於告誡男性勿與女性發展嚴肅認真的戀愛關係。

25 拙男（average frustrated chump, AFC）意指「普通且受挫的蠢蛋」。

的模式，並學習讓欲望能被滿足（而不是遭到利用）的演算法。

研究這種次文化的學者認爲，這種不安全感是很強大的。馬修·湯瑪斯在他的著作中認爲，把妹達人和生活駭客吸引的是同樣的「白人男性極客」族群，二者背後都存在「後工業時代的雄性危機」。

把妹達人透過誘惑技巧來應對：「他們進行了逆向工程，將其簡化爲一系列步驟、腳本和程序，讓任何男性（理論上來說）都可以遵循這些步驟並獲得成功。」湯瑪斯問道：「所以說，提摩西·費里斯和尼爾·史特勞斯是朋友，或《提摩西·費里斯秀》有一集是關於他學習如何把妹，或在那一集裡，費里斯向電腦駭客薩米·坎卡（Samy Kamkar）請教，有什麼好奇怪的嗎？」

極客們內心不安全感的另一面，是理性的優越感，有時表現爲吹噓自誇。在發現把妹文化後，一位知名的電腦駭客寫道：「我就是把妹達人所謂的『天生好手』，一個能靠自己搞懂書中很多技巧的男人。因此，只要我想，就能大開性愛之門。」幸運的是，其他駭客「不必成爲約會遊戲鯊魚池裡無助的夥伴。我們有一些優勢；只要對人類行爲有一點了解，我們就能學會如何有效利用它們」。

謎男告訴讀者的，就是學習如何利用他們的極客優勢。

我也曾是怪胎。其實大致上來說，怪胎都是聰明人，只是沒有把智慧應用在社交情境……但如果你把所有人類視爲美麗優雅的生物機器，具備成熟的行爲系統以便拉攏他人、極力擴大生存與繁殖的機會，那麼了解人性與自身在其中的地位，就會變得比較容易……有我當你的朋友與導師，你會開始將求愛藝術的程式下載到行爲系統裡，接著練習並內化，讓你能不假思索地做到。

簡而言之，成功的把妹達人是改良後的極客：重新設計自己的行動，以理解他人的行爲模式，如此一來，不安全感就能讓位給優越感。這裡的勵志概念是，只要有正確的工具在手，那些普通且受挫的蠢蛋就不會再受挫了。

---

26 在紅藥丸理論中，阿法男（Alpha male）多是具有領導者特質的人，強調主控權，只把時間花在自己身上；相對於此，傳統上強調呵護、溫柔、付出等特質的男性則稱為貝塔男（Beta male）。

把妹的起源

謎男聲稱他發明了勾引女性的演算法。這種說法並不誠實，但他確實對最新版本提供了重大貢獻。身為一名表演者，他有許多引人注目的手段和新方法，能與陌生人建立融洽關係。他擅長畫眼線、戴羽毛圍巾、玩小把戲、讀心術，但現代的把妹文化至少可以追溯到五十年前。

一九七〇年代發生了兩件事，催生出把妹文化：性革命，以及把電腦比做人腦。性革命意味著人們可以更輕易地進行性幽會。艾瑞克・韋伯（Eric Weber）在一九七〇年所出版的《如何泡妞》一書中，談到了一名有機會發生婚外性行為，卻不知道如何實現它的男性。

韋伯向讀者保證，正常、健康的年輕女性喜歡性，而且只要提出要求，她們也會很樂意與男性發生性關係。舉例來說，和平集會就是個搭訕的絕佳場合，「就算你（私底下）支持戰爭」。

韋伯的書從男性權利和物化女性的角度出發，令人毛骨悚然。這本書的開頭十分臭名昭著，場景是看到一名女子走在街上：「你就是想多看看她的長腿、豐滿的乳房和挺翹結實的臀部。有那麼一瞬間，你甚至考慮強暴她。」這種黑暗的觀念，至今仍存在於把妹界。

在語言上，女性遭到物化和量化，依「性感寶貝」量表分爲一到十級；在方法上，一名支持心理虐待和身體脅迫的「把妹大師」甚至遭禁至某些國家旅行和開課教學。

基於類似的考量，有些募資平臺也禁止販售把妹手冊：這是一種自私自利、傷害他人的意識形態，卻被當成搭訕技巧和戀愛建議來推銷。除了對目標對象造成傷害，還會扭曲讀者的態度和性格。

除了性機會的增加，一九七〇年代的流行文化也反映出電腦能力正在不斷增強。儘管用電腦配對最早可追溯到一九六五年的哈佛大學生，但在這個時期，電腦在對把妹的貢獻上，只是一種比喻；把妹方法背後的大部分理論，都是神經語言程式學（NLP）的延伸。

NLP始於一九七〇年代，試圖辨識出成功心理諮商師所運用的技巧。NLP是從新興科技的模子裡鑄造出來的：語言是一種爲神經機器進行程式編寫的方式。它宣稱自己是卓越的藝術和科學，並承諾頂尖人士的溝通技巧，是任何人都能學會的。大部分NLP將自我和溝通理解爲地圖或模型，可透過循序漸進的過程來塑造。

在與把妹方法掛上勾之後，NLP被視爲正統心理療法的程度就被打了折扣：一篇學術評論說它是「貨物崇拜心理學」。儘管如此，NLP在勵志大師中仍頗具影響力，包括東尼．羅賓斯在內；《呆伯特法則》的作者史考特．亞當斯（Scott Adams）也欣然承認NLP對自己的影響。在費里斯的採訪中，亞當斯將他對說服與催眠的興趣追溯到這些根源，並建議聽衆把生活視爲一個系統。他在《我可以和貓聊一整天，卻沒法跟人說半句話》一書的開頭說道：「你的頭腦不是魔法，而是一部可以設計程式的濕潤電腦。」

儘管NLP最初是做爲一種自我提升的方法，但它被那些想誘惑他人的人緊緊擁抱。羅斯‧傑弗瑞斯（Ross Jeffries）是「極速誘惑」的提倡者，他在一九八〇年代時，將NLP和催眠術引進把妹技巧中。在一名電腦駭客的幫助下，傑弗瑞斯也把他的方法帶到網路上，在一九九〇年代成立了網路群組；包括謎男在內的許多把妹大師，都是從那裡起步的。傑弗瑞斯至今仍然活躍在這個領域，而且對最新一代大師們所受到的關注有點不滿。

我們可以從NLP和把妹的交集，看到它們的共通點，包括**獲取線索**、**錨定**、**鏡像和換框法**。例如，揭露出心理狀態的眼動方式能讓人獲取線索；鏡像則是透過模仿他人的細微行爲，來建立親和感或強化行爲。

傑弗瑞斯經常在自己的寫作中運用這些概念，再加上比喻和同音詞的暗示力量。在二〇一一年的一篇部落格文章中，他描述了與一位德國女性（朋友的助理）間催眠般的互動。傑弗瑞斯說了一些他高中時學的德語，她稱讚他的發音，而他回答：「我發現語言**在嘴裡**會有一定的感覺和形狀。如果發音正確，妳會感覺到，它就**在妳的嘴裡**。」

她想了一會兒：「你說得沒錯，我會說一點法語，在嘴裡的感覺確實相當不同。」

我說：「沒錯。法語很軟，但德語在妳的嘴裡很硬。」（這一次我稍微強調語氣，為它增添更多性意味。）

她的瞳孔放大了些，深吸了一口氣，臉明顯地紅了起來。當她露出這樣的反應時，我輕輕點頭：「對。」她也輕輕地點頭（鏡像），自己卻渾然不知。

因為傑弗瑞斯有女友，所以他只是練習「讓她們上鉤，抓住，然後釋放」，但他鼓勵讀者試著在與女性交談時使用同樣的方法。熟能生巧，即使你還不懂得如何順勢做到底。

傑弗瑞斯的故事是粗俗和偽科學的怪異結合。語言很強大，但它不是魔法。把大腦想像成電腦，把關係想像成系統，既有優點，也有其局限性。認為我們可以改變自己和環境的想法很實用，但也可能遭到濫用。我不認為在談話中安插「新方向」，會像傑弗瑞斯說的那樣，讓女性更容易接受這種性暗示。我覺得那名德國女子只是想對她老闆的朋友表現出禮貌而已。

在這方面，誘惑技巧就跟某些對健康駭客的評論一樣：邊緣科學透過軼事和過分評價，過度延伸至可疑的應用上。儘管如此，對於寂寞和系統化的思考者來說，行為模式和系統的吸引力顯而易見。

最佳伴侶眞的存在嗎？

人們不顧一切想要降低生活的複雜性，而這種想法不僅限於男性或駭客。傑弗瑞斯在一九九二年出版了《如何把想要的女人釣上床》一書，艾倫．費恩（Ellen Fein）和雪莉．史耐德（Sherrie Schneider）則在一九九六年出版了《戀愛必勝守則》。在這本書中，她們鼓勵讀者遵循吸引和留住丈夫的三十五條戒律，成爲「規則女孩」——這兩本書中的性別刻板印象還互補得眞好。

雖然《戀愛必勝守則》出版後不久，費恩的婚姻就破裂了，但她和史耐德還是帶動了其他以遵守規則爲基礎的戀愛書籍風潮。當然，費恩當然把離婚歸咎於自己**沒有**遵守這些規則。

雖然以規則爲基礎來處理關係，並非男性或新千禧年獨有的方法，但在二十一世紀卻更有效。將他人分級點評，並視爲依規則運作的「濕潤機器」，這種過分行爲是透過量化和優化的便利性實現的。一九七〇年代，程式設計的比喻已足以形塑人們的互動；時至今日，則確實受到眞正的程式所塑造——透過智慧型手機瀏覽、評價，並對他人按讚。

在尋找人際關係的過程中，不論是與性感度滿分（以「性感寶貝」量表爲標準）的女性上床，還是擄獲一個成功的男人，這些目標都朝著不幸的結局發展。如果說《把妹達人》有什麼寓意的話，這就是了。這本書的戲劇性之處在於，拙男爲自己成功變身阿法男感到洋洋得意，之後卻崩潰了。史特勞斯成功地將把妹達人變成一種「風格」，卻也在這麼做的同時意識到：所有能有效開始一段關係的技巧，都違反了維持關係必須遵守的原則。

誘惑可能是關係的近敵。此外，他也發現，上床或找女朋友這些目標，後來都被必須維持自己在男性同伴中的地位所取代。史特勞斯後來宣布自己是個性成癮者，並接受治療——這也是他下一本書的主題。謎男最後被送進了精神病院，因爲他沒能得到兩位性感度滿分的雙性戀女友（最好一位是亞洲人，另一位是金髮美女），結果導致崩潰。優化的危險在於，它很容易專注於誘人、可量化或容易的東西，結果犧牲了其他的目標和價值。

熟練的程式設計師對這種危險很敏感。雖然人們天真地使用**程式設計**和**優化**之類的詞彙，但菜鳥設計師往往會聽到這樣的忠告：「過早優化是萬惡之源。」工程師在寫程式時，很容易陷入優化的陷阱，卻沒有考慮它是否會造成實際的效能瓶頸。這就像用一把磨得很利的刀把洋蔥切得很完美，但根本沒先確認自己是否有食譜中的所有配料。

那些設計優化演算法的人尤其要注意這一點——局部優化的結果，反而很可能達不到整體優化。想像你矇著雙眼，想在特定區域內找到一座高山。天真的搜尋演算法是單純地往前或向上走，你很可能會因此找到一座山，但未必是你想要的。所以設計師會故意在演算法裡加入一些模糊度，讓你可以四處看看；即使這表示在找到更高峰之前，有時得先走下坡。單純的優化往往會產生次佳的結果，而最優的結果通常需要一些靈活性，這一點我將在本章的結尾談到。

有經驗和技能的生活駭客，或許能設計出一個平衡的全區最佳系統（globally optimal system）；溫特透過追蹤健康和社交目標來提高自己的生產力，就是這樣的嘗試。但除了那些願意量化和優化**所有東西**的敬業駭客，這種系統不太可能適合其他人。這種做法的危險性在於，讓人天眞地想找到性感度滿分的辣妹或成功的丈夫，以進行優化。對許多人來說，這樣的目標不容易實現；而且一旦實現，就會發現它們很膚淺、無法令人滿足。

若以馬斯洛之鎚的比喻來解釋：假設你有一把優化過的鎚子，它能漂亮地將一顆螺絲釘敲進石膏板。問題是，當你後退一步、準備欣賞剛掛起來的畫時，螺絲釘可能根本固定不住。

如何讓別人喜歡我？

並不是每個人都想爲了擁有一位後宮佳麗或富有丈夫而進行優化，但許多人仍缺乏技巧和信心，以達成較適度的願望。爲此，駭客們接受挑戰，朝著「脫單」這個標稱的目標邁進。

挑戰是生活駭客最喜歡的工具。比方說，撐過一場冷水澡，能讓他們產生一種「自己很棒」的效能感——這種效能感是獨立存在的，但可以轉移到其他生活目標。同樣的，害羞和猶豫不決的人可以接受拒絕療法（讓人習慣受挫，並勇於提出要求）；至於在把妹這件事情上，則可以透過重複來消除焦慮。比如要求學生一個晚上要接近十幾名女性，而且可能會被拒絕很多次。即便如此，他們在這個過程中還是能有所收穫，並漸漸變得不那麼害怕，甚至有可能成功。

這種做法並不只限於把妹。有位生活駭客販售上面印有各種挑戰的紙牌，這些紙牌可以單獨使用，也可以當成遊戲，和其他人一起玩。其中的「創業家版」包括三十張獨特的建議卡，目的是要擴展你的舒適區，同時也擴大你的錢包。其中一張牌卡是：向服務提供者要求一個月的免費服務。

泰南的書與許多把妹書不同，他不注重操縱。《讓她倒追》與《超人社交技巧》是考慮周到（當然還有系統化）的建議，教你如何成爲一個讓人喜歡的人。他的目標是教導讀者如何以誠實和眞實的方式，展現出自己最好的一面。

在這本書中，我將毫不掩飾地分析、檢驗和量化那些在社交技巧中，多半不會被提及的層面。我們將討論權力動態、身爲朋友的價值觀、機會成本，以及有效利用時間。不管我們是否注意到這些以及其他因素，它們都是人際互動的基礎，對人際關係的品質有非常重要的作用。有些人覺得這些話題令人不快，甚至反感，但如果你不去看看工廠發生了什麼事，就很難做出更好的香腸。

即使這種方法是分析性的，泰南的願望仍很符合人性。只是在泰南的目標與把妹達人令人不快的**刻意貶低**（negging）策略之間，我們該如何調和呢？

在《把妹達人》中，史特勞斯把刻意貶低定義爲看似不小心說出口的侮辱，或帶有挖苦意味的恭維：「刻意貶低的目的，是降低女性的自尊，並積極表現出你對她興趣缺缺。比如告訴她牙齒上沾了口紅，或是在她講完話後給她口香糖。」這正是蘭德爾．門羅在他的網路漫畫中所批評的主題。

在二〇一二年的一幅作品中，一名男性在餐廳裡試圖刻意貶低一名女性（見圖7）。他注意到她的水果盤，於是說：「妳看起來像是在減肥耶。太棒了！」但這名女性扭轉了局面，對把妹達人（生活駭客）嗤之以鼻，告訴那名男子，他對生產力、創造力和人際關係的領悟全都廢到無可救藥，因爲他的平庸是與生俱來的。

圖 7 蘭德爾・門羅，「把妹達人」，XKCD，2012 年。https://xkcd.com/1027/

身爲蘭德爾·門羅的粉絲，泰南覺得自己有必要做出回應。他承認，世界上有很多混蛋——無論男女，無論在把妹界或其他地方：「壞人的確存在。」但他的看法與史特勞斯正好相反，刻意貶低的意義並不在於削弱女性的自信，而是爲了展現「我不可怕」，以開玩笑和取笑的方式，與某人建立關係，就像你跟朋友會互相吐槽一樣。

泰南認爲，漫畫中這名女子的反應雖然尖銳，但很恰當，因爲她剛剛被一個素未謀面的陌生人以相當不禮貌的方式侮辱了。即便如此，他仍覺得這幅作品太憤世嫉俗和僞善，因爲它暗指平庸的男性應該遭受責難，還用「你這輩子都沒指望了」來打擊他們：「當一名男性面對殘酷的事實，了解到必須自我改善，才能有更好的戀愛生活時，他可以忽略這一點、放棄把妹這一套，或走上這條艱難的路，開始學習社交技巧、了解女性，並成爲女孩們想在一起的那種人。這才是眞正的把妹。」

這就是眞正的把妹，只要避免過度優化。《讓她追你》爲想變得有魅力的男性提供了人際互動工具，就算他不是高富帥。正如喜劇節目《紅綠秀》中的一句名言：「如果女人覺得你不帥，她們至少應該覺得你很好用。」

在這種情況下，「好用」指的是善於使用能呈現自我、與人互動的工具。泰南就是想教沒有這些技巧的人使用它們，以提高所有人的實用性和安全性。但如果它們當成武器或手段，以求盡可能提高得手的女性數量和性感程度，那麼把妹達人確實應該遭受批評。

約會的數據化

艾咪．韋伯（Amy Webb）是一名定量未來學家，對以分手收場的上一段戀情感到悲傷和失望。當一個曾經親密的人成了過去的一部分，悲傷是可以想見的，但她的失望其實與未來有關。當時她才三十歲，一切得重新開始，並危及她建立家庭的計畫。

在相當有名的TED演講「我如何破解網路交友」中，韋伯談到了一種計算方式，類似米勒解釋他爲什麼交不到女朋友的那個。根據韋伯的估計，和她年齡相仿、感覺像猶太人、對運動不感興趣、住在費城，並讓她覺得有吸引力的男性只有三十五人。如果她想找到這樣的男人，就不能再依靠偶然。她必須上網。

網路交友或許提高了韋伯找到眞命天子的可能，但同時也增加接觸錯誤對象的機率。在經歷了一連串糟糕的約會（包括一次因晚餐帳單費用過高而丟下她）後，她意識到自己需要一個篩檢程式。

韋伯的理念就是駭客的想法。遇到問題時，她會說：「我要使用一些數據、它們在一個系統中運作，然後找到一個解決方案。」她設計了一個有不同權重的特徵評分方案，分爲兩級，並設定了最低門檻。在第一級特徵中，不吸菸、不吸毒得九一分；在第二級中，身高一七八到一八八公分之間的人得五〇分。她再也不會在總分低於七〇〇分的人身上浪費時間了，問題解決——才怪。她可能已經破解了尋找猶太白馬王子的密碼，但他從未回她訊息。

韋伯的計算並沒有考慮到與其他女性競爭的問題。她檔案中那些過時的照片和文字並不管用，所以她建立了十個男性的假帳號——人設都是自己會想嫁的那種，分析與這些假帳號連絡的受歡迎女性特徵。她發現，這些女性的資料都很簡短、不具體，文字看起來很樂觀。她們的照片很漂亮，還露了一點乳溝或肩膀。當她把這些發現套用在自己的個人資料時，她頓時成了網站上最受歡迎的人。

韋伯並不是唯一一個破解網路交友、獲得眾人注目，還寫了一本書的人。《連線》雜誌曾寫過一篇關於克里斯多夫．麥金利（Christopher McKinlay）的報導，兩年後，麥金利出版了《最佳邱比特：掌握約會網站隱藏的邏輯》一書。

約會網站根據使用者建立的問題和答案來配對使用者。和韋伯一樣，麥金利也用假的個人資料，從數千名女性那裡蒐集常見問題的答案。他利用這些數據辨識並鎖定他認爲有吸引力的女性群體，並在不欺騙的前提下調整與她們接觸的方法，這樣一來，他也會顯得有吸引力。

雖然韋伯和麥金利都建立假的個人資料（韋伯是爲了評估競爭對手，麥金利是爲了瞄準候選人），但他們的方法有很大的不同：麥金利幾乎沒想過要篩選那些無用的資訊。他確實將有意思的對象進行排名，但也約會了八十八次才找到願意開始一段戀情的人。最後，他認爲這些努力算是成功，不過聽起來很累人。

如果有一種方法可以把這些工作委派給別人就好了，費里斯一定會這麼做。其他人使用電子試算表和代碼，而他使用外包。爲了讓大家注意到《一週工作四小時》，費里斯把尋找和安排約會的事情委任給世界各地的團隊，包括印度、牙買加、加拿大和菲律賓。他給每支團隊一張規格表，上面有目標、指導方針，以及他覺得有吸引力的女性連結。他的團隊能在三天內安排二十個見面喝咖啡的約會，而且所有地點都在離他家不到八百公尺之處。這遠遠超過了他在酒吧和派對上努力的成果，而且只花了三五〇美元，其中包括他打算要給安排最佳約會團隊的一五〇美元獎金。

網路交友證明了生活的系統化，即使對那些沒有駭客精神的人來說，依然如此。數位科技及其創造者讓我們擁有多到不可思議的選擇，在瀏覽和點讚的同時，也爲演算法這位「媒人」提供了一系列數據。既然建立這些網路交友系統的是駭客，其他駭客懂得利用它們也就很合理了。

當然，這樣的行爲並非沒有風險，尤其像麥金利和費里斯這樣進行高頻率約會時。費里斯有一次不小心冷遇了一位女性，她其實是其中一位約會對象，但負責的外包團隊忘記把這件事寫進費里斯的行程表，他對此感到抱歉：「她直接走向我，然後開始聊天，就像一個老朋友似的。當時我正在用筆記型電腦寫東西，完全不知道發生了什麼事。」我想那位女性大概也有同樣的感受，而且更糟。

另一個駭客塞巴斯汀．史達迪爾（Sebastian Stadil）曾在四個月內約會了一五〇次，這個數字超過了麥金利，結果也導致了一些錯誤，包括「一個女孩在第一次約會時，把所有時間花在向我訴說她是個孤兒的悲傷故事。但第二次約會時，我竟然問她父母過得如何。那時眞的非常尷尬，如果妳正在讀這篇文章，我向妳道歉。」

即便如此，大多數駭客都認爲他們的方法是成功的。費里斯、韋伯和麥金利都這麼認爲——但他們也在賣書。史達迪爾是一個例外：「我仍然相信科技可以破解愛情，儘管這種想法很可能是非理性的。」爲什麼呢？他承認，更多配對能增加他找到有趣對象的機會，但這也讓他上癮：既然有機會認識這麼多人，他會因此更想認識每一個人，以確保不會錯過任何一個。

史達迪爾的見解，就是數位時代衆多選擇的悖論：有了許多選擇之後，更容易看向更遠方、想像更美好的景致。

駭客心態，尤其是優化心態，特別容易受到數位時代這種病態的影響。就像生產力駭客癡迷於磨礪工具，卻從未眞正開始工作一樣，一個不小心，約會駭客很可能永遠不會眞正建立一段關係。

如果婚姻也能競價

生活駭客最顯著的特徵，是尋求**自我**成長的理性**個體**，即使在人際關係方面也是如此。我們已經看到了對這一點、對百萬富翁極簡主義者，以及對哲學家單身漢的批評。但並非所有生活駭客都是百萬富翁或單身漢。

我們也看到了海蒂・沃特豪斯「我們其他人的生活駭客技巧」，包括那些有孩子的人。戴夫・布魯諾在「靠一百樣東西過一年」挑戰中，必須區分家庭物品和個人物品。

同樣的，二〇一二年，尼克・溫特受到泰南的啓發，決定只擁有九十九樣東西，雖然後來他娶了太太、生了兩個孩子，但沒有把他們的東西列入自己的年度清單裡。當我詢問溫特，新家庭對極簡主義有何影響時，他回答自己的目的是限制個人欲望，但這對嬰兒用品並不適用：「如果要大量購買嬰兒玩具，我就必須修改規則。」他承認，自己已無法在一小時內搬家、進行爲期好幾個月的旅行，或住在一間迷你屋裡，但他仍喜歡只擁有少量高品質且屬於自己的東西。

當我們遠離了物質，開始轉向婚姻、孩子和各種家務時，會發生什麼事呢？溫特利用蜜蜂護衛這個應用程式協助自己提高生產力的過程中，爲了保持生活和工作的平衡，他爲自己設定了一些社交目標，比如浪漫的約會、和朋友出遊等。回想一下第四章提到的蜜蜂護衛，如果你沒有達到目標，就得付出罰金，而這筆錢會進入創辦人丹尼．里夫斯和貝瑟妮．梭爾的口袋。這對夫婦擁有機器學習和計算機賽局理論的學位，也使用貨幣交換來管理他們的婚姻。

這對夫妻在處理關係上所採用的不尋常方式，讓他們登上美國國家廣播公司的專題報導，梭爾也大方地在他們的部落格上談論這套方法如何運作。他們這個系統的核心價值觀是平等主義（每個人的幸福同等重要）、自主性（每個人都有自己的價値觀，可以做出自己的選擇）和公平性（對團體努力做出貢獻的人，應該獲得同等的利益）。最後一點非常重要，他們甚至把女兒取名爲菲兒（發音和「公平」相同）。據說梭爾是最年輕的蜜蜂護衛使用者，八歲開始就利用它追蹤糖的攝取量和螢幕開啓時間。附帶一提，他們的兒子以十九世紀的俄國數學家康托爾爲名。

簡單來說，梭爾和里夫斯各自保有銀行帳戶，至於哄孩子睡覺、倒垃圾和規畫旅行等事情上，則採用競標：用類似猜拳的方式，夫妻各自把手放在背後，接著同時出手比出數字，告訴對方他們願意支付給對方做這件事的錢，並將這個過程稱爲「優妥」（yootling）。

出價較高者要付錢給對方，對方則要從事這項家務。比方說倒垃圾，梭爾比出四，而里夫斯比了二，那麼梭爾就會給里夫斯兩美元，讓他去倒垃圾。

從經濟學角度來看，這是一種有效的配置。梭爾願意出四美元，表示她更不想倒垃圾，而且也樂意支付里夫斯提出的兩美元（他們有額外的簡化規則，比如隨機記錄一〇%的競價紀錄）。里夫斯認爲，這是以物易物和輪流說話的昇華版；對梭爾來說，感覺比互相臆測或妥協、試著猜對方的話到底是什麼意思，以及處理這所有事情來得舒服多了。

即便如此，我們仍不難預見這件事何時會變得困難。當他們的孩子發現父母爲了晚上誰幫他們蓋被子而競價時，可能會覺得受傷。但考慮到他們就是在這樣的環境中長大的（菲兒的名字也是由父母競價決定的，價值數千美元），我想他們應該不至於感到驚訝。在這之前，還有生孩子的問題。梭爾和里夫斯不至於爲親密行爲競價，但其他大多數事情，從生孩子到待在家裡陪他們，都需要仔細計算其價值。

如果這聽起來似乎冷酷又吝嗇，梭爾會告訴你，使用這套系統其實可以友善和慷慨：「我們一直在爲彼此做好事，並經常使用優妥，來確保這麼做在社交方面的效率。」舉例來說，里夫斯**可以不要**陪梭爾一起參加《魔法奇兵》的主題音樂會，但他會和善地用競價來解決：「他很大方地把『自己是否參與』變成我們共同決定的過程。如果我出的價格比他高，那我就付錢讓他陪我去；但如果情況正好相反，他就要付錢給我，讓我放他一馬。」

這聽起來很怪，但這對夫妻非常喜歡這個方法，而且他們並不孤單；類似方法也出現在主流社會裡。《小倆口經濟學》一書的作者建議，使用勞動分工和供需關係這類的概念，將衝突最小化，並將婚姻的利益最大化。與里夫斯和梭爾夫婦將經濟學排除在臥室之外不同，《小倆口經濟學》始於一名缺乏熱情的女性，開始思考與好色丈夫做愛的成本和收益。

費里斯也思考過性欲不一致的問題。他很喜歡說一個故事，關於一對已婚夫妻如何滿足各自的不同需求。每一季，妻子都會給丈夫一張成績單，共分四項：情人、丈夫、養家者和父親。她會在每一項以一到十分為丈夫評分，只要能保持平均水準，那麼即使其中一項得分較低，仍然可以接受。

因此，如果丈夫在事業上很成功、讓養家者的分數提高，那麼他就可以對妻子調情，降低丈夫那一項的分數——總之，只要丈夫的總分高於妻子的最低要求就沒問題。費里斯覺得這「非常吸引人，也許是因為我喜歡將測量當成一種糾正和控制的方法」。

如果良好的關係需要明確的期望和溝通，那麼這一切聽起來確實都是典範。不過，正如你所能想像的，批評者認為這種量化關係很令人困擾——涉及到性愛時，其中一方似乎就會變得卑微。問題來了，為什麼會有這種不舒服的感覺呢？

「你們做錯了」

梭爾和里夫斯那種以交換爲基礎的關係公開之後，吸引了來自網路遙遠角落的一些回應。《GQ》雜誌的專欄作者路克．薩爾斯基（Luke Zaleski）認爲「這兩個蠢貨」基於博弈的競價理論完全是誤入歧途：「像奧勒岡州那對花錢玩遊戲的夫婦的同類，**你們做錯了。**」

梭爾和里夫斯爲自己辯護時提到，他們知道自己的方法很不尋常。這是極客的方法，但在他們的應用程式和部落格上，仍有一小群志同道合者在追蹤他們。對這些人來說，玩小遊戲比理解別人話語背後的意思更舒服。也許梭爾和里夫斯並沒有「駕馭這些東西」必備的人際互動能力，但事情就是這樣，他們就是這樣。他們是分享適合自己方法的極客，而不是**囑咐**他人照樣做的大師。而薩爾斯基除了暗指夫妻應該犧牲和無私，並沒有說太多「怎麼做才對」的內容。

里夫斯和梭爾並不反對這樣的美德，他們只是努力使兩人的分配公平。比如說，他們明確知道生育和花時間陪伴孩子的價值，至少了解這些事情不是理所當然的。這種方法不適用於大多數人，包括我自己在內，但我不能說他們「做錯了」。

網路上還有其他的意見。網站「天主教洞見」專欄作家莎拉．古德（Sarah Gould）認爲，競價聽起來很唯利是圖。在一個家庭中，愛和幫助不是應該自由給予嗎？她也認爲，競價忽視了「上帝和生命當中更高的現實」，並提出質疑：「這種把自己提升到類似上帝地位、事事講究公平的做法，會不會導致他們無力應對人生中的不公平？」在她看來，我們應該認識到人生是不公平的，但上帝的恩典是自由給予的。

古德的批評局限於特定宗教，並不是每個人都認可它，而且她提出「更高的現實」，卻未解釋這是什麼意思。她承認，人們需要找到最適合自己的方法，競價似乎很適合這對書呆子；但對她來說，把愛簡化爲度量衡，會使眞正的感激化爲烏有，使愛變成一場鬧劇，變成假的公平和金錢之神。

不過，即使是世俗的批評者，同樣也對人類行爲的僭越和生活的不公平提出質疑。在生活駭客出現的幾年前，寶琳娜．波素柯（Paulina Borsook）就在二〇〇〇年出版的《Digital 安那琪：透視科技新貴的自私心靈》一書中寫到了這一點。

許多程式設計師都有足夠的理由，爲自己依一定規則所創造、且有邊有界的宇宙感到驕傲；因此，如果簡單的命題邏輯能對人類事務產生作用，那麼這些事就有可能透過簡單的規則來解決。只是博弈論雖然強大，卻無法解釋所有的人類行爲。此外，在以規則爲基礎的宇宙中做事，會讓人處於持續的憤怒中，因爲人類和社會就是如此混亂和不完美。

梭爾和里夫斯確實知道愛、無私和慷慨的重要性，但對他們來說，競價是一種清晰而有趣的表達方式。人類行爲固然是複雜的，卻不代表在能解釋與不能解釋的事物間有看不見的隔閡。競價並不會消除多年互動所形成的更深層連結。

波素柯和古德一樣，質疑駭客如何面對生活中的困難，包括與那些「混亂和不完美」的人相處。我也有這個問題（這是下一章的主題），並讓我想起影集《歡樂單身派對》。在〈交易〉這一集裡，傑瑞和伊蓮發現，即使有聰明的規則（例如可以一起過夜，而且隔天不用打電話給對方），他們也不可能在發生一夜情後還繼續做朋友。即使在完美的系統裡，感情也會受到傷害，嫉妒心仍會滋長。

儘管人類是混亂和不完美的，然而古德和波素柯聽起來卻像是兩位失敗主義者，認爲未來注定無望。但如果地板上有釘子冒出來，爲什麼不把它們敲進去？可能你漏掉了一根，而且腳趾頭等一下就會踢到它，不過這不至於讓先前的努力毀於一旦。生活駭客確實比一般人更難以接受不完美，但這既是優點也是缺點。他們樂觀地尋求改進，從而帶來了發明，卻也輕信且容易上當。我們可以從那些駭客的人際關係中得到教訓，光是抱怨他們太怪異和不虔誠未免太偏頗。

當量化和交易變成非人性化和剝削時（而且很容易出現這種傾向），戀愛駭客最令人擔憂的一面便會顯現出來。例如在業務外包的過程中，很容易出現權力不平衡，此時的選擇所反映出的更像是必要性，而非偏好。其他的選擇則透過市場需求物化，其中的欺騙和不透明掩蓋了交易的背景和後果，不論是令人討厭的把妹達人或工業規模的約會，我們都能看到這些因素，但在雙方有共識的極客中卻很少看到。

合適的工具

就像任何工具一樣，有些比喻就是更適合用在某些地方。正如我在第一章所說的，把生活駭客稱爲「邪教」就太誇張了，但把專業的生活顧問稱爲「大師」就相當合適。

那麼，把戀愛關係說成「有一定規則的遊戲」呢？有些事物確實比其他的更像遊戲，而有些人可能更喜歡玩遊戲，我想這種比喻還算恰當。我們可以辨別規則（明確的或不言明的），其中也有運氣和技巧的成分。更重要的是，隨著透過裝置評分和遊戲化的程度不斷提高，生活也越來越像遊戲；關於遊戲究竟是競爭還是合作，以及什麼才是勝利，也存在著不同的假設。

史特勞斯和費恩發現，善於誘惑女人或擄獲男人不一定意味著勝利，但他們對遊戲和規則的概念，仍帶有僵化的刻板印象與零和競爭。《戀愛必勝守則》的第五條規則是，永遠不要打電話給男人，也不要太常回電，讓他懷有不確定和不安全感——一個抱著遊戲心態的把妹達人，也會透過貶低女性來達到同樣的結果。

另一種選擇，是將關係視爲合作且共同受益的事業。例如，梭爾和里夫斯以交易的方式處理婚姻關係中的某些部分，但他們的目的是尊重對方的「效用函數」（用來表示消費者在消費產品數量上得到的滿足程度），而不是利用它們。

馬斯洛用鎚子這個比喻來表達過度使用工具的危險。正如前面所提到的，馬斯洛注意到，當我們手中拿著鎚子時，往往會把所有東西都當做釘子來對待。馬斯洛的觀察還有個更極端的版本：我們不僅把每件事都當成釘子來**對待**，也這樣**看待**它。那麼，將關係視爲可用規則集（rule sets）和電子試算表破解的系統，會有哪些限制呢？

看看瓦萊麗．奧羅拉（Valerie Aurora）的例子吧，她在二〇一五年重新開始了令人沮喪的線上交友任務。這次，她希望透過駭客技巧，讓約會經驗變得比較愉快，甚至有趣。受到艾咪．韋伯的啓發，她設計了一份試算表，根據兩個類別爲候選人排名：「破局特質」和「額外加分」。奧羅拉還加入了和人際互動有關的五種屬性：放鬆／親密、有趣、安全、相互尊重和喜愛／熱情。

不過這種方法的一個缺點是，事先假設外頭有個等待評價和排名的好對象。與此相對的另一種假設是，人們投入並發展一段關係，意味著好伴侶並不是找到的，而是相處出來的。奧羅拉最終從她的電子試算表和所設定的破局特質中領悟到這一點。

> 製作這項工具的初衷，是讓我更加注意並回應自己的「破局特質」——有這些特質，就表示不可能和此人戀愛。但在製作和使用這項工具的過程中，我發現自己關於什麼是「破局特質」的想法經常是錯誤的。我現在和一個對象有段幸福的戀情，但剛認識時，他身上就有六項「破局特質」，如果他沒有興趣和我一起解決這些問題，我們今天不會在一起。因為他想這麼做，所以我們一起努力，解決了這六個問題，讓雙方都滿意。和朋友聊過後，我發現這是非常普遍的經歷。

緊緊抓住試算表的破局特質，就等於緊緊抓住一個不適合這項任務的工具。在程式設計師中，也可能存在對行為規則集過度依賴的類似狀況。程式設計師多半依賴他們稱為「模式」的成功結構和最佳方法；相應來說，「反面模式」應該避免。問題在於，使用自己最熟悉和精通的模式、工具和方法時，反而有可能因此卡住；他們稱此為金鎚子（Golden Hammer）反面模式——沒錯，過度使用模式，就是反面模式。

我們可以從前半導體工程師戴維．芬奇（David Finch）的案例中看出這一點。他選擇了寫滿最佳操作流程的日誌，做爲管理戀愛關係的工具。在努力成爲更好丈夫的過程中，他整理了一份最佳操作流程清單，後來並以回憶錄的形式出版。這些規則包括：從太太的角度看事情、順其自然、享受其中的樂趣。他非常認眞地使用這些方法，直到它們開始變成障礙；在那一刻，他意識到「終極的最佳操作流程：不要把所有事情都變成最佳方法」。有時候，你得把最喜歡的工具放到一邊去。

我們放棄一項工具的原因可能有很多。比如任務已經完成了，就像芬奇的最佳操作流程；也許這項工具不合適或危險，就像史特勞斯意識到把妹無法營造有意義的關係；也許它沒用，我們可以從費恩的離婚中推斷出這一點；或許它在使用上不該那麼嚴格，就像奧羅拉的破局特質試算表一樣。說到戀愛關係，這項遊戲就是要共同構建和維護某些東西，而這不是光用一項工具就能應付的。

8 意義駭客

古老啟示的現代超譯

戴爾．戴維森（Dale Davidson）感覺茫然。他已經大學畢業，並進入海軍海豹部隊接受訓練，這正是他一直以來努力的方向。然而幾個月後，他因爲至今仍不確定的原因遭到退訓了。如果心裡有另一項選擇，倒還說得過去，但他沒有：「我被迫回到『平民生活』，感覺毫無目標。」就好像他瞄準了一個大浪，划過去想趕上它，但又讓它從腳底下溜掉。他頓時暈頭轉向，不知道下一步該做什麼。

後來，他讀了費里斯的《一週工作四小時》，想在異國的海灘上遠端工作輕鬆賺錢——各位還記得的話，這本書的另一個候選書名是「寬頻與白沙」。

早些時候，我們看過曼尼什．塞提，他和戴維森一樣，同樣受到費里斯的啓發。塞提開始了一週工作四小時的生活方式，並成功地創造了一項不必上班的事業（寫內容來收取廣告費）、環遊世界（在動物身上做伏地挺身）、使自己的生產力成長爲四倍（透過付錢給別人打他巴掌），並發明了帕夫洛夫電擊手環。然而戴維森的努力並沒有奏效。

二〇一〇年退出海豹部隊後，我就搬到國外，在埃及教英語，並創辦了一家網路公司，花了幾年時間，試圖成爲一名數位遊牧者。雖然我喜歡這趟冒險，但自己的事業並沒有起飛，而且整體來說，也沒有變得更快樂。我想加倍運用生活駭客技巧與費里斯的建議，因此拚命嘗試新的商業構想，並盡力讓自己變得超級高效，但仍覺得少了些什麼。我好像被困住了，就像在原地空轉。

二〇一四年，戴維森嘗試了一些不同的東西。他放下費里斯和生活駭客技巧，開始了一項實驗，一個「古老智慧專案」。他並沒有放棄駭客方法，只是改變靈感的來源。戴維森將重點放在八種延續了五百多年的靈性傳統上：「古老的智慧是強大的；但相較之下，生活方式設計部落格是脆弱的。」他的挑戰是每三十天修行一種古老的傳統，希望能培養出美德。

我從斯多噶主義學到，爲了保持內在平靜，對於自己無法控制的事物，我們需要培養某種程度的超然感。我從天主教學到，爲了爲生活增添意義，我們應該減少關注自己想要什麼，多聚焦於服務他人。伊比鳩魯學派告訴我，我們很不善於善待自己，眞正的快樂主要來自避開困擾我們的事情。

顯然，生活駭客們尋找的不只是如何繫鞋帶的技巧。即使方法不太一般，但他們所尋求的同樣是大多數人想要的：舒適、健康和連結。一般來說，生活駭客首先會追求近乎極端的效率、最佳的適應性和整潔的互動。他們以自己特有的方式行事，就像理性的人喜歡體制和實驗一樣，從而獲得不同程度的成功。由於他們喜歡自我測量和管理，所以被稱爲控制狂。

然而就像戴維森，有些人會意識到，生活中的大部分是自己無法控制的，就算再怎麼追求美好的生活，也會面臨失望和失去。費里斯在他的一本書中，把過好日子等同於在餐廳和酒吧享受貴賓待遇。幸好，還有另一種關於美好生活的概念，也就是有意義的生活，即使偶有失望。按照〈寧靜禱文〉的句型來說，生活駭客尋求智慧，破解可以破解的東西；尋求智慧二·〇，去了解和接受不能破解的東西。

爲了理解失望和損失，生活駭客經常從古老的傳統中詮釋出原則和做法。戴維森的實驗是非常折衷的，不過一般來說，生活駭客主要的意義來源有兩個：一是斯多噶主義，他們採納了其應對損失和缺乏控制的方法，另外一個是佛教的禪宗美學和正念修行。然而這種詮釋總是伴隨著隨心所欲，有些東西被誇大了，有些則被省略了。當斯多噶主義被視爲一種「個人作業系統」，而正念被當做一種「提高績效的工具」時，到底有哪些東西在這樣的「超譯」中失去了？要回答這個問題，我們必須先了解來源內容、它的吸引力，以及超譯者的心態。

古代斯多噶學派

有些生活駭客傾向於極端。比如說，我們看到數位極簡主義者辭掉工作、縮減到剩下一百件物品、每隔幾個月就搬到一個新的國家。但對某些人來說，這種生活方式最終變成了一種束縛。極簡主義者逃過了「東西太多」這個敵人，卻成了「東西太少」的獵物。因此許多人放棄了極簡主義標籤，也不再仔細清點他們的物品，並開始擁抱適度。

這種對適度的欣賞，與斯多噶學派是一樣的。斯多噶主義是一套淡化生活艱辛、增加生活樂趣的原則和技巧，並在肉欲享樂主義和禁欲犬儒主義這兩個對立學派之間，選擇了一條中庸之道。羅馬政治家暨作家塞內卡（Seneca）提出警告：「哲學要求簡單的生活，而不是贖罪；簡單的生活方式不必然是一種粗糙的生活方式。」所謂簡單的生活，就是珍惜自己所擁有的，且不對缺乏感到絕望。不過要達到這樣的平靜並不容易。

在前一章中，我們看到有些人批評一對拿家務事競價以爭取婚姻公平的夫婦。批評者擔心這對夫妻不夠現實，因爲人是不完美的，生活是不公平的。雖然失望在所難免，但如果認爲這種立場就是在暗示我們不應該自找麻煩，那就是所謂的失敗主義，因爲即使結果令人受挫，努力仍是值得的。

儘管如此，對生活保持關注才是眞正的挑戰所在。有些人轉向超自然信仰（或相信營養補充品、低溫物理學和有意識的機器），斯多噶學派則是透過兩種方式來尋求平靜。他們爲不可避免的損失做好準備，並珍惜現在所擁有的。他們承認自己無法控制外部世界，因此轉而向內塑造自己的性格。

古代斯多噶學派並不羞於承認不適和損失。斯多噶學派代表人物塞內卡在《道德書簡集》裡告誡衆人：「冬天帶來寒冷，我們必須顫抖；夏天天氣炎熱，我們必須汗流浹背……這些是我們無法改變的生存狀態。」即便如此，我們仍可透過艱苦的實驗，看看它是否眞的那樣糟糕。塞內卡建議人們騰出一段日子，「在這段時間裡，你應該滿足於最簡陋便宜的食物、穿著粗糙的衣服，同時自問：『這就是我所擔心的情況嗎？』」；換句話說，「就這樣而已？這也沒多糟嘛。」

斯多噶學派還會透過「負面觀想」（premeditatio malorum），也就是在腦中想像最壞的結果，事先自問：「災難會降臨到我身上嗎？」而不是事後才大喊：「這怎麼可能發生在我身上？」關鍵不是無休止的擔憂，而是偶爾的沉思。這讓斯多噶主義者能爲所有可能發生的事情做好準備、超脫不安；更重要的是，爲自己所擁有的心存感激。反覆思考過去，或憂慮一個可能永遠不會到來的未來，都是毫無意義的。透過嘗試過不那麼舒適的生活，斯多噶主義者磨練自己以對抗不幸，並變得更珍惜現在。

除了誇大對失去的恐懼，人們還會以爲自己對人生的控制力遠比實際要大；因此，當最熱切的希望和最縝密的計畫落空時，我們就會非常失望。斯多噶學派試圖專注於可以控制的東西、理性與性格。斯多噶學派另一位代表人物愛比克泰德（Epictetus）幾乎一輩子都是羅馬奴隸，他曾寫道：「外在的事物不在我的掌握範圍內，選擇則是我內在的能力。我去哪裡尋找善與惡？在我內心，在我自己裡。」

羅馬皇帝馬可．奧理略（Marcus Aurelius）經常提醒自己，不要因別人而惱怒：「令人討厭的腋臭和口臭會讓你生氣嗎？這對你有什麼好處？人一定會有嘴巴和腋窩，也必然會產生一些氣味。」也許你可以跟他講理、提供一些衛生建議，但除此之外，即使你是皇帝，也無法改變這一切，所以爲什麼要生氣呢？

另一方面，小加圖（Cato the Younger）認爲，擔心別人對自己外表的看法是愚蠢的，所以他故意不修邊幅，讓自己的選擇勝過他人的武斷批評。

由於斯多噶主義者喜歡實驗和依賴理性，那麼生活駭客喜歡斯多噶主義，也就不足爲奇了。

超譯斯多噶

斯多噶主義近期正在經歷某種復興。除了出現在生活駭客、波音波音和駭客研究等網站上，就連《紐約客》《大西洋月刊》《紐約時報》《華爾街日報》，甚至《體育畫報》都在討論它。某種程度上，是因爲有兩位原屬於學術圈的哲學家願意回到實踐哲學領域的緣故。

《善用悲觀的力量》一書的作者威廉．歐文（William Irvine）認爲，雖然學校不再教授實踐哲學，但仍需要學習讓生活有意義。爲了解決這個問題，另一位哲學家馬西莫．皮戈里奇（Massimo Pigliucci）加入了他的行列，他不但是《別因渴望你沒有的，糟蹋了你已經擁有的》一書作者，還寫了許多受到高度讚揚的斯多噶主義作品。

除了這兩位哲學家，還有兩位生活駭客大師，對斯多噶主義的流行也有重大的貢獻：費里斯和萊恩．霍利得（Ryan Holiday）。有一次，霍利得上了《提摩西．費里斯秀》，在訪談最後的快問快答裡，費里斯提出了一大堆問題——也是他《人生給的答案》一書（出版於二〇一七年）的基礎，例如：「你送過最多次的書是什麼？爲什麼？」

這是個很好的問題，送書是一種深刻的交流：我希望這對你有意義，幫助你更加了解我。費里斯回答這個問題時，自己估算已送出一千多本塞內卡的《道德書簡集》。費里斯認爲，忙碌的人們較喜歡有聲書，於是在二〇一六年出版了有聲版《塞內卡之道》，其中部分內容也收錄於他的播客。斯多噶主義對費里斯的重要性，甚至可從線上內容的相關條款看出：這些內容爲塞內卡與馬可公司（Seneca and Marcus）所有。透過他的部落格、播客和有聲書，費里斯擴大了斯多噶主義的影響範圍，尤其在矽谷。

和費里斯一樣，萊恩．霍利得更像是位表演家，而不是工程師——雖然他們都擅長破解與注意力和成功有關的系統。

和東尼．羅賓斯一樣，霍利得的勵志大師生涯，也是從當另一位大師的學徒開始的——《權力世界的叢林法則》的作者羅伯．葛林（Robert Greene）。一如羅賓斯十七歲起爲吉姆．羅恩工作，霍利得十九歲時便從大學輟學，和葛林一起工作。在那以後，霍利得透過具爭議性的策略來推銷作家、品牌和音樂家，包括服飾品牌 American Apparel 那些近乎淫猥的廣告和各種媒體噱頭：他代表客戶購買廣告看板，接著偷偷破壞，再把這種破壞行爲公之於眾，以吸引目光。

霍利得很快就將他的作品（及惡名）轉變成作家這項職涯：從二〇一二年的暢銷書《被新聞出賣的世界》開始，第二年又出了《成長駭客行銷》。「成長駭客」被用來描述初創企業的自我成長行爲：「傳統行銷中咄咄逼人、自動化和刻寫著男性符碼的小老弟。」

不久後，在費里斯的幫助下，霍利得從成長駭客轉向意義駭客。二〇〇七年，兩個人因爲都很欣賞塞內卡而有了連結。二〇〇九年，費里斯邀請霍利得寫了一篇題爲〈斯多噶主義一〇一：創業者實用指南〉的長文，出版社的興趣也隨之而來。五年後，霍利得出版了他第一本以英雄故事爲形式的實踐哲學書籍：以成就爲主題，並從中提取一些人生經驗，產生某些見解。

後來他還把自己分別於二〇一四年和二〇一六年出版的新書書名刺在兩臂上：「障礙是道路」和「自我是敵人」（中文書名爲《失控的自信》）。霍利得也是費里斯播客的第一批來賓之一，費里斯出版了《障礙是道路》有聲書，也摘錄了一些內容在他的播客裡。二〇一六年，霍利得將這一切濃縮成語錄集並出版，一年三六五天，天天都有屬於它的一句話。

有些人認爲霍利得的轉向有些爭議。在各大報紙上，霍利得對媒體的操縱和駭客技巧被描述爲不誠實、令人不安且不寒而慄的。《紐約時報》一篇文章便直言不諱地指責霍利得利用這些伎倆，把「斯多噶主義當成生活駭客」來推銷：「他就像個騙人的推銷員，發誓自己已放棄騙人的把戲，卻沒放棄非常有效的銷售策略。」

這兩位多產的推動者就是我們所說的超譯者：改編原始文本，並讓這些超譯後的材料能爲他們野心勃勃的 A 型性格[27]讀者使用——費里斯經常這樣形容自己和他的讀者。而你可能已經猜到，這將影響這些素材的詮釋方式。

斯多噶式生活駭客

即使沒有斯多噶主義的復興和費里斯與霍利得的推廣，你也能看出它與駭客精神的相似之處。泰南曾是一名職業賭徒和把妹達人，他在一篇關於「情緒極簡主義」的文章中闡述了這一點。

> 我因爲幾乎不需要任何家當而感到自在，同樣的，我也希望自己的情緒需求能降到最低。這會是什麼樣子？我認爲有個簡單的測試法，就是想想你能單獨監禁多久卻仍感覺良好。我覺得我可以一直待在那裡，事實上，這個想法還滿有吸引力的……
>
> 靜心是很好的訓練方法。所以只要突然停止自己最喜歡的刺激活動，並處理任何浮現

27 一般認為，A型性格者的表現欲和競爭心強、急躁、缺乏耐心。

在你腦海中的東西……

一旦你達到某種程度的情緒極簡主義（心理極簡主義聽起來眞的很像「愚蠢」的委婉說法），你會從中找到一種滿足感，不同於從更多刺激中獲得的感受。你會對它們爲你所做的一切充滿感激。對我來說，花一個星期待在家裡，每天吃同樣的食物、喝茶、工作，就是很棒的一週。我感到精力充沛，對自己的進步覺得滿意。

這種態度在他玩撲克時也很有幫助。對這類遊戲來說，情緒上的不安會大大影響表現。比如說，泰南在二〇一五年的世界撲克大賽中表現出色，後來還講述他進入最後二十名的故事。當時坐在他左邊的是一位更厲害的玩家，手裡的籌碼是他的三倍，但這個人不愼被超車（bad beat），整個歪掉（go on tilt）㉘，把錢都賠光了。即使其他人的牌技較高明，但泰南認爲自己的情緒掌控更好，沒有什麼能影響他。

無論如何，在摘錄的內容中，我們看到對簡單快樂的欣賞、對平靜的渴望，以及對被剝奪的坦然。泰南表現得很斯多噶，雖然他從未提過這個詞。他後來告訴我，他在寫自己的理想性格時，腦中並沒有什麼哲學思想，「但我懷疑自己大多數的原創想法，也許並不如我以爲的那麼原創。」除了泰南，我們不難找到其他例子，證明斯多噶主義與生活駭客的理性、系統化、實驗和個人主義精神都相當吻合。

對斯多噶學派來說，理性是身而爲人的決定性特徵，是追求美好生活的必要工具。雖然他們會談到神，但其中並沒有超自然的祈求。他們不會祈禱宙斯介入他們的生活；說得更準確一點，斯多噶學派認爲自己有義務成爲宙斯所創造的有理性之人。因爲生活駭客精神與理性風格一致，所以斯多噶主義對理性的關注，對他們來說很有吸引力。

對有宗教信仰的人來說，斯多噶主義也不一定與他們的信仰不相容。歐文在《善用悲觀的力量》中寫道，斯多噶主義與基督宗教有很好的互補，與佛教也有相似之處。事實上，他對斯多噶主義的興趣，始於一個關於人類欲望的專案，這讓他開始接觸佛教思想，也想知道這項研究是否會讓自己變成一名佛教徒，但他逐漸意識到斯多噶主義更適合自己喜歡分析的本質。

對善於分析的人來說，斯多噶主義可被理解爲一套原則和規則系統，而費里斯通常會用「在高壓環境下做出更佳決策的個人作業系統」來描述它。費里斯邀請時年二十一歲的霍利得爲創業者們撰寫〈斯多噶主義一〇一〉時，曾在前言提到，這種哲學是「一套簡單

---

28 兩者皆為撲克術語。「bad beat」意指被落後且勝率較低的玩家意外獲勝，或說「被爆冷門」。「go on tilt」原意是「變得傾斜」，意指因情緒失控而導致戰術運用錯誤。

而又非常實用的規則，能讓你以較少的努力，獲得更好的結果」。

早在生活駭客出現之前，法國哲學家米歇爾・傅柯（Michel Foucault）就注意到斯多噶學派熱衷於制定行為規則。傅柯將這些規則納入他的自我技藝（technologies of the self）中，使人們能「為了達到某種幸福、純潔、智慧、完美或不朽的狀態」改造自己。在這方面，傅柯的自我技藝預示了生活駭客的出現，以及他們對斯多噶主義的喜愛。

當然，這些規則是透過實驗來驗證和優化的。我們已看到生活駭客挑戰瘋狂工作、過極簡生活、做伏地挺身、和陌生人交談等。其他類似斯多噶主義的挑戰則包括洗冷水澡，這是某些生活駭客制度的核心。費里斯和一些朋友曾進行一項為期數週的「不抱怨實驗」，這就非常符合斯多噶主義的精神。費里斯的「戒酒，戒手淫」三十天挑戰極為坦率且富有創業家精神：超過六千人在他投資的一個網站報名參加這項挑戰。

為了追隨塞內卡，費里斯曾進行為期一星期的貧困實驗；為了致敬小加圖，他曾穿著難看的海灘褲、蓄著讓人毛骨悚然的八字鬍（色情演員常蓄這種鬍子），好讓自己不再對別人的想法產生膚淺的依戀。

最後，斯多噶主義很適合個人主義和競爭激烈的數位時代——一個懷抱著致富夢想，並在現實中迅速失敗的時代。霍利得寫道，正如斯多噶主義在希臘羅馬帝國受過教育的菁英中很流行，它也非常適合今天的創業者：「其存在是為了行動，而非永無止盡的辯論。」

費里斯指出，矽谷的思想領袖和美式足球聯盟的球員都採用斯多噶主義，因爲這些原則使他們成爲更好的競爭對手。

令人驚訝的是，和極簡主義一樣，斯多噶主義的目標族群竟如此傾向於菁英階層。針對這一點，愛比克泰德的奴隸身分被視爲任何人都能受益的證據；但即使在這個例子中，也有一個從貧窮變富裕的故事。愛比克泰德獲得自由前，是個受過教育的奴隸，在法庭裡服務，而他的主人是個富有的自由民（即城邦的公民、享有投票權，也要負擔軍事義務）。

那換成「從纏腰布到一無所有」的故事怎麼樣？在《善用悲觀的力量》中，歐文認爲，一個只有纏腰布的人，仍會因爲自己至少還擁有一塊布而感到高興；就算後來失去了纏腰布，他仍可對自己的健康情況感到滿意：「很難想像，這個人還可以再變得更慘。」這是眞的，但這種想像似乎只適合那些擁有的可失去之物比纏腰布更多的聰明人。就像企業家保羅．葛拉罕的想法，他認爲在超級富裕的社會中，就算自己處於最底層，也會很快樂。

極簡主義和斯多噶主義可能對任何人都有用，但從經驗來看，它們最吸引的是那些相信忙碌奔波有其價值，以及有很多東西可以失去的人。

正念及其闡釋者

在一般人的想像中，禪與盆景的美、書法的優雅，以及喝茶的儀式有關。同樣的，當程式設計師討論某項優雅技術的本質時，他們就會說是它的禪。《Python 之禪》（Python 是一種程式語言）一書的開頭是這樣的：

美麗比醜陋好。
明確比含蓄好。
簡單比複合好。
複合比複雜好。

生活駭客也喜歡這種審美。他們在蘋果電腦上閱讀禪習慣、實踐物質（和情緒）極簡主義，並在日常鍛鍊中茁壯成長，有些人甚至會直接接觸亞洲文化。費里斯在普林斯頓大學主修東亞研究，會說日語和中文；泰南就是在舊金山茶館「茶炊」（Samovar）認識他的日本導師，在茶炊，你可以用六十九美元買到「泰南的旅行茶具」。

在大多數情況下，這種親緣關係並未觸及更深層次的靈性信仰或實踐。儘管佛教有類似斯多噶主義的原則（例如兩者都強調在無常面前的平靜），但斯多噶主義較容易被西方的生活駭客接受；佛教教義或佛經反映出其起源的口語傳統中，則有許多冗長和列舉的部分。另一方面，斯多噶學派的著作以拉丁語寫作，這使得翻譯成英語和其他西方語言更爲容易。佛教深深根植於亞洲文化中，神話、頂禮和唱誦在亞洲文化中很常見，但斯多噶主義不需要那麼陌生，甚至迷信的東西。不過除了美學之外，還有另一項禪元素是生活駭客們喜歡的：靜心。就像斯多噶主義一樣，我們對這種實踐的理解，也受到選擇的內容和詮釋方式的影響。

有許多類型的佛教靜心可供選擇。在持咒靜心（mantra meditation）中，會不斷重複一句短語，以做爲靜心的主體；在禪語（公案）中，你要思考一段陳述，同時等待洞見的出現；在西藏自他交換法（Tibetan Tonglen meditation）中，你想像將痛苦轉化爲慈悲和療癒。慈心禪（Metta meditation）與此類似，包括爲自己、所愛之人、點頭之交、難相處之人，以及所有衆生觀想幸福和平安（你會逐漸進入同理心螺旋）。在正念靜心中，你關注的是當下。最常見的是坐在地上、觀照自己的呼吸，但正念也可以用在散步或喝茶時——其實任何事情都可以。

在所有這些原始材料中，科技人員和生活駭客最廣爲接受的，就是正念靜心。它的譯者包括世俗的研究人員、工程師，和應用程式設計師。

目前正念所獲得的成功，有很大一部分要歸功於喬・卡巴金（Jon Kabat-Zinn）的努力。一九七〇年代，當時仍是一名年輕醫師的卡巴金開始學佛，並相信靜心對絕大部分的民衆有幫助。在麻塞諸塞大學醫學院時，他開發了正念減壓專案來幫助病人控制疼痛。在接下來的幾十年裡，卡巴金和其他人的研究證明了長期靜心對治療的益處。隨著卡巴金在一九九一年出版《正念療癒力》一書，正念減壓療法遂成為主流。

不出所料，靜心和生活駭客在加州有了交集。一八〇〇年代中期，舊金山灣區成了來自中國、日本和韓國佛教移民者的新家。一個世紀後，這種移民文化與美國反主流文化產生了交集。一九五九年，鈴木俊隆來到舊金山，擔任曹洞宗禪寺住持。他在美國很快就有了一批追隨者，而他的禪宗中心也在一九六〇年代時，成為推廣佛學的樞鈕。在美國，這一帶至今仍是舉辦許多佛教傳統儀式的主要地點，也是矽谷創業家、鄰近大學研究人員和谷歌工程師的大本營。

其中一位工程師是陳一鳴。他出生於新加坡，在加州大學聖塔芭芭拉分校學習資訊工程，二〇〇〇年加入谷歌（員工編號一〇七）。儘管陳一鳴進入谷歌是為了開發搜尋產品，但谷歌員工可以為彼此提供課外課程，陳一鳴就曾在二〇〇七年時開設「探索內在自我」。這門課程的靈感來自卡巴金的正念減壓，在谷歌很受歡迎，也很有影響力。正因為如此，陳一鳴得以投身於探索內在自我課程，成爲谷歌的「快樂好夥伴」。二〇一二年，他爲這門課程創立了一個非營利組織。

同年，陳一鳴出版了《搜尋你內心的關鍵字》。這本書爲技術類型的人介紹了正念，是同類主題中較好的書籍之一。陳一鳴將正念減壓做爲一種發展情商的方法，包括自我認知、自我調節、動機、同理心和社交技能。他認爲工程師往往缺乏這些特質，所以他提出了建立信任、巧妙給予讚揚、恢復關係，以及按個人價值觀生活的建議。

他也認爲，讓一名工程師來講授此一主題，有意想不到的好處：他可以從懷疑和科學的角度來教學。他提到：「我那以工程爲導向的大腦，幫助我把靜心的傳統語言，翻譯成像我這樣的實用主義者能處理的語言。比方說，傳統的靜心者會談論『更深層次的情緒意識』，而我會說『以更高的解析度感知情緒過程』。」在陳一鳴的翻譯中，「更高的解析度」可以代表「更深的意識」。

陳一鳴看起來像個佛教徒，經常被拍到盤腿坐著、身穿中式立領衫；至於比爾．杜安（Bill Duane），看起來更像哈雷機車騎士。杜安也是一位資深工程師，碰巧參加了史丹佛大學一位神經科學家的谷歌科技演講。這是一次大開眼界的經歷。杜安意識到，透過有合理依據的科學實踐，可以用有益的方式駭入大腦。在他上過陳一鳴的探索內在自我課程後，立刻就迷上了。

二〇一三年，隨著陳一鳴將重心轉向自己的組織，杜安成爲了谷歌的「幸福管理員」。杜安在谷歌講授「神經自我駭客」課程，目的是想接觸自己的同類。他說，與其向那些穿著瑜伽褲的人推銷嬉皮式廢話，「我想跟那些脾氣暴躁的工程師交談——他可能是個無神論者，也可能是個理性主義者。」

二〇一五年，在陳一鳴之後，邁克・塔夫特（Michael Taft）也做了類似的努力，出版了《正念極客：給世俗懷疑論者的正念靜心》一書。塔夫特也在谷歌教靜心，並和陳一鳴的「探索內在自我」機構，以及企業健康諮詢公司「智慧實驗室」有工作上往來。爲了投客戶所好，塔夫特引用了一些極客題材，包括《銀翼殺手》《沙丘》，以及《星際爭霸戰》。塔夫特將靜心解釋爲一種技術，它符合「知識的實際應用」的定義。他甚至把靜心的流程圖做成一種演算法（見圖8），只是這看起來有點小題大作。

陳一鳴、杜安和塔夫特是目前高科技世界最著名的三位正念大師。他們提煉出禪宗中的禪，並轉化爲適合極客的詞彙。他們的成果受到所選擇的闡述主題（世俗的正念）和受衆（創業者和工程師）影響，而我們很快就會看到這一點。但在此之前，不如先思考一下與超譯內容有關的這些炒作。

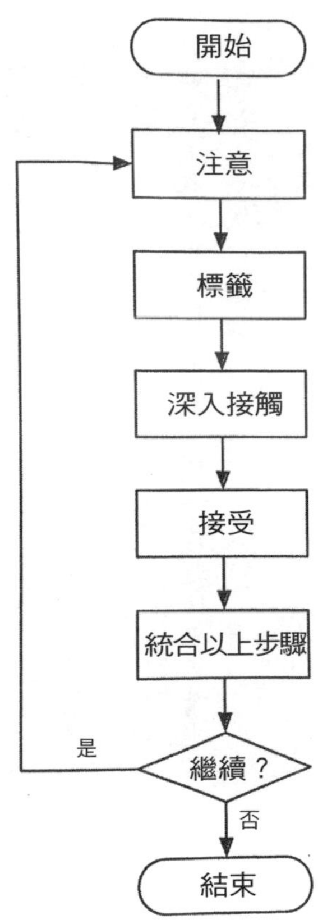

圖 8　邁克．塔夫特（Michael Taft），《正念極客：給世俗懷疑論者的正念靜心》

應用程式、小工具和偽科學

靜心大師和健康顧問目前在科技產業是項標準配備，連HBO影集《矽谷群瞎傳》都模仿了。劇中的蓋文·貝爾森是一家大型社交媒體公司的執行長，他有一位隨傳隨到的南亞靈性顧問丹波克。當面臨道德良心危機時，貝爾森便從遠處召喚他。

貝爾森：丹波克，我知道你在阿斯彭，謝謝你趕回來。請坐。
丹波克：這個夏天我決定不坐下。
貝爾森：當然，太厲害了！

丹波克的做法讓人想起第六章所看到、關於站立一整天的健康聲明，現在則應用到靈性方面。當然，不是每個人都富有到能擁有私人心靈教練，但可以透過個人設備獲得指導，並附上同樣令人懷疑的聲明。

根據估計，靜心市場的規模其實更大，其市值超過十億美元，所以安卓和蘋果應用商店裡有一大堆禪風桌布、靜心引導和計時器。這些應用程式中，有部分是由生活駭客大師推廣的，並提出一些很有問題的說法，就如同我們在前面章節所看到的。

靜心應用程式的市場領導者是「冥想正念手冊」（Headspace），它是安迪．帕帝康（Andy Puddicombe）和李奇．皮爾森（Rich Pierson）一次會面的結果。帕帝康曾是佛教僧人，在倫敦經營一家靜心診所，而皮爾森是個壓力極大的廣告經理。二〇一〇年，兩人共同推出了這款應用程式，希望能讓數百萬人接觸到靜心，他們成功了。二〇一七年，據《富比士》雜誌報導，這款應用程式已被下載超過一千萬次，擁有超過四十萬名付費使用者，年營收約五千萬美元。他們的公司展開廣告活動、贊助播客（包括費里斯的），並得到媒體廣泛報導。

儘管獲得了成功，但就像丹波克的「不坐下的夏天」一樣，靜心應用程式大多是炒作。靜心本身的功效越來越受到質疑，因爲它的效果可能既不普遍，也不獨特。之所以未必普遍適用，是因爲對某些人來說，它反而很可能引發焦慮；它的正面效果似乎也不具體：靜心是許多促進放鬆和減少負面思考的技巧之一，它也許有效，但不是萬靈藥。研究人員發現，正念應用程式的設計也很糟糕，它們所謂的好處很可能是「數位安慰劑」的結果。

針對這些批評，皮爾森回應，公司一直在持續研究，而且無論如何，他們都只是想推廣能幫助人們的東西。他補充說：「我不認爲人類的症狀只能用西方科學來處理。」對西方科學的抱怨是老生常談，不過安慰劑效應並不是西方才有的現象。

關於靜心應用程式的有效性，我只找到一篇對照研究。在「讓應用程式帶來幸福」的研究中，研究人員將受試者隨機分爲兩組，兩組每天都要使用一款靜心應用程式十分鐘。實驗組（五十七人）使用冥想正念手冊，對照組（六十四人）則使用另一款筆記應用程式來記錄自己的日常活動。研究人員在研究前後，分別對受試者的主觀幸福感進行調查，他們發現，在生活滿意度、蓬勃發展程度或負面情緒方面，兩組並沒有統計上的顯著差異（社會學家則有一系列截然不同但相關的概念）；不過倒是從統計中發現在提高正面情緒方面有顯著的中等效果，在減少憂鬱症狀方面則有些微效果。然而，這些「中等」或「些微」的概念，是只限於特定研究情境的。

實際上，實驗組在使用冥想正念手冊後，正面情緒的平均得分上升了八％，對照組的平均分數則下降了五％。然而在許多次測量中，最強的上升幅度也就只有八％，但對照組無論如何都有五％的變化。

這項短期干預的研究顯示，冥想正念手冊**可能**有助於帶來靜心的某些好處，但這些發現需要在嚴格的條件下再現，而且還有很多問題。比如說，和有人帶領的靜心相比，靜心應用程式的效果如何？這類程式較適用於新手或有經驗的人？使用上的方便性，會不會讓使用者較願意持續練習？使用智慧手機（分心和各種通知的來源）做爲正念的輔助工具，會有什麼後果？

總而言之，噱頭很多，卻鮮有證據。幸好，除了在應用程式上花費的時間或幾美元之外，並不會帶來什麼危害；但正如一位批評者所建議的，長距離散步的效果就算不會更好，至少也能有同樣的效果。

＊＊＊

當然，生活駭客喜歡把事情做得更深入。靜心表面上看起來似乎只是一種被動的行爲，但如果我們能更直接地操縱思維呢？這種可能性引發了始於二〇一三年的「意識駭客」運動。

改變意識的方法之一是藥理學，也就使用迷幻藥來提高表現、處理情緒障礙、加深靈性等。毫不意外的，身爲營養補充品愛好者的費里斯，也是此方法的宣導者之一。雖然他也討論過微量服用LSD（迷幻藥麥角酸二乙醯胺），並讓它在矽谷流行起來，但在這裡，他的推廣重點放在萃取自某種蘑菇的迷幻藥「西洛西賓」（psilocybin）。他一方面發起群衆募資活動，爲約翰·霍普金斯大學關於西洛西賓治療憂鬱症的研究提供資金，但另一方面，令人質疑的是，費里斯也爲四西格馬（Four Sigmatic）公司推銷蘑菇咖啡，而這家公司是費里斯的播客贊助商之一。

另一種侵入意識的技術是經顱刺激（transcranial stimulation），使用電脈衝或磁場來影響大腦。不是像生物反饋那樣訓練大腦放鬆，而是直接刺激它。在研究方面，這個領域就與心理學一樣，存在著同樣甚至更嚴重的可重複性問題。

在面對消費者方面，設備製造商使用同樣的手段避重就輕，就跟他們從事營養補充品產業的同行一樣：引用品質參差不齊的研究，提出了改善情緒、加速表現、減輕疼痛和改善睡眠的建議，但幾乎沒有針對這些特定設備提供任何證據，反而列舉出客戶對它的讚美——結果立即可見且令人驚訝。爲了不違反FDA的規定，設備製造商用極小的字體否認了任何醫療用途：他們並未聲稱能「治療、診斷、輔助、治癒或預防任何疾病」。這就是典型的「僞科學閃避之舞」。

最後，論到意義駭客與順勢療法或水晶治療的區別，在於後兩者完全是無稽之談。正如我們在健康駭客所看到的，聲明應涵蓋該方法如何產生作用的可信理論與嚴謹證據。順勢療法和水晶是經典的僞科學，谷歌的比爾．杜安稱之爲「嬉皮廢話」，它們沒有明確機制來解釋如何作用，而且有確切的證據顯示它們無效。就目前看來，迷幻藥和經顱刺激既有可能讓我們受益，也可能造成傷害（尤其是那些自己給大腦開處方並進行電擊的人）；但我們對它們的機轉仍停留在初步理論的層面上，關於它們有用的證據也相當參差不齊。

放眼自身以外

矽谷的競爭是出了名的激烈，這就是蓋文·貝爾森在《矽谷群瞎傳》中產生良心危機的原因。

丹波克：蓋文，你有什麼心事？

貝爾森：唐納·鄧恩今天辭職，加入了魔笛手公司。我恨理查·亨德里克斯，那個魔笛手小混蛋。我這樣有錯嗎？

丹波克：如果是一個次等的人，或許吧；但在開悟的人身上，仇恨可以成爲促進偉大變革的工具。

貝爾森：你又說對了！

丹波克關於仇恨的看法可能是對的，但他是個騙子，而貝爾森根本沒有開悟。批評炒作正念的人士同樣擔心，正念不只被當成江湖術士行騙的藥方，也很可能變成過分自私的行爲。

費里斯談到靜心時，他說這是能讓人成功的一種工具，能幫助人們變得更有效能，而不僅是提升效率。靜心能讓他集中注意力、分清輕重緩急。但即便如此，他仍擔心這可能會讓自己失去鋒芒。費里斯在與佛教心理學家暨靜心老師塔拉．布萊克（Tara Brach）的對話中問道：「當憤怒或侵略等能量對我很有用時，該如何管理它們？」費里斯生性好勝，野心勃勃，腦中經常浮現「第二名就是輸給第一名的人」這句話。他也提過一則類似的軼事：一位富有的科技創業者在輸棋之後，把整個棋盤打翻：「叫我當個有風度的輸家？我就讓你知道什麼叫做眞正的輸家！」

費里斯承認失敗帶給他痛苦，但這不正是矽谷成功的動力嗎？布萊克則巧妙地重新引導費里斯的方向，問他在生命的盡頭來臨前，會選擇留下什麼名聲？費里斯回答：「培養比自己更優秀的學習者。如果我能做到這一點，就能創造一支由數萬，或許數十萬，甚至數百萬名世界級教師組成的慈善大軍，而且他們還可以不斷自我複製。」費里斯仍從比較和支配的角度在說話，但布萊克表示，費里斯的目標是一項合作而非競爭的事業。

費里斯坦率面對自己內心的掙扎是很值得稱讚的，這顯示他的力量（野心）同時也可能是痛苦（憤怒）的來源。他和其他人一樣，正在尋找一條通向自己理想中美好生活的道路；隨著時間累積，甚至有可能從對個人成功的關注，擴展到更大範圍的悲憫。然而，做爲一名大師，不論是樹立的榜樣、宣導的道路，以及對美好生活的願景，都應該受到外界再三審視，尤其是當正念被闡釋爲提高個人效率和企業健康的工具時。

把靜心當成工具的人並非只有費里斯。它對一般人的吸引力，可從冥想正念手冊的一系列高調廣告看出來——該系列廣告的特色，是由普通的運動者搭配上精練的感言。其中一位女子舉起一只啞鈴：「我用靜心來征服它。」其他人則是透過靜心「活在當下」「不驚慌」「獲得投籃機會」「具備優勢」和「不與自己競爭」。這些都是競爭性的，即使是最後一則廣告亦然；因爲與自己競爭，就會阻礙與他人的競爭。

正念也有能吸引企業的賣點。《連線》雜誌有篇關於正念如何成爲矽谷新潮流的文章，文章裡引述了「搜尋內在自我」的創始人陳一鳴談到高情商的好處：「每個人都知道情商對他們的事業有好處……每家公司也都知道，如果他們的員工有高情商，他們就能大賺一筆。」陳一鳴的意圖遠超過「大賺一筆」，但他那群出身矽谷的高科技聽衆，卻對他出自佛教內容的相關闡釋加油添醋。

在佛教中，愛己與愛人是密不可分的。不論是自他交換法或慈心禪，都致力於轉化苦難，這是對相互依賴和無我的一種實現。我在冥想正念手冊的論壇上尋找關於這類靜心的討論時，只發現了少數幾篇貼文，包括有兩個人要求慈心禪引導。在第三篇貼文中，一位使用者就「愛」的部分提出了質疑：「雖然我認爲，把宗教跟宗教概念分開來討論是很有道理的觀點，但我並不認爲愛是特定的佛教或宗教概念，我想知道其他人是怎麼想的。」

可惜這幾篇孤獨的貼文都無人回覆。

即使是典型的駭客也注意到了這種缺乏。艾力克斯．佩恩（Alex Payne）是一名軟體開發人員和投資者，十多年來，他一直斷斷續續地練習靜心。不管誰想推薦自己的靜心練習，也無論任何形式，他都沒有意見；但在企業界讀到這方面的報導，卻讓他感到不安。他寫道，問題在於，正念已被量化生活的概念所包圍，使得它「廣泛獲得高自我要求者接納」。但他接著又說：「正念遠遠不只是一種提高表現的工具……如果這是你在尋找的東西，那不如喝咖啡，畢竟這方面有更好的科學實證。」

話說回來，正念應該讓我們注意到與社會環境有關的問題：爲什麼人們覺得自己有必要提高效能？從中受益的人是誰？

在二〇一四年舉辦的智慧二．〇大會上，更大規模的問題浮上檯面。此系列會議始於二〇一〇年，聚集了科技專家和頂尖大師，如果有所謂的意義駭客大會的話，這個就是了。它通常在舊金山舉行，由於富裕的科技從業人員之故，這座城市正在努力因應日益增長的生活成本。

二〇一四年的大會中，有一場名爲「以谷歌方式構建企業正念的三個步驟」的會議，當時抗議者爬到臺上，打開寫著「逐出自由舊金山」的布條。與會成員包括陳一鳴、比爾．杜安和谷歌人類發展部副理凱倫．梅伊（Karen May）。抗議者是四位社會住宅的提倡者，他們一上臺就高呼：「智慧就是停止將人們逐出家園！智慧就是停止監視！舊金山是非賣品！」幾分鐘後，他們被帶下講臺，而杜安要求觀眾把這當做練習的時刻：「感受一下自己的身體，看看當衝突發生時周圍的各種狀況，以及遇見理念與自己不同的人們時內心的想法。」

接著，與會者和觀眾全都安靜地坐著。這是一個巧妙的回應方式，也許也是唯一可以合理遵守的方式。抗議者表達了他們的觀點，並很快就被其他人接受。

朗恩・柏瑟（Ron Purser）和大衛・福布斯（David Forbes）是研究靜心運動如何向世俗情境遷移的教授，甚至在智慧二・〇大會之前，他們就擔心會出現所謂的「速食正念」（McMindfulness）——被企業所採用「個體化且高度私有化的正念」。正念之所以對企業有吸引力，是因爲它是一種很時尚的方法，可以用來平息員工的不滿情緒、促進對現狀的接受，並能當成工具，好讓員工的注意力集中在組織目標上。

柏瑟和福布斯還記得，一九五〇到六〇年代曾出現過類似的人際關係與敏感性訓練工具。那個時代的公司會利用諮商技巧（比如積極傾聽）來安撫員工。「這些方法被稱爲『母牛心理學』（cow psychology），因爲滿足且溫順的牛能生產更多牛奶。」現在的正念也是這樣。

在那次會議上的抗議行動後，柏瑟和福布斯接著聲稱，正念社群已被谷歌和智慧二・

○所誘惑，讓資本家變得更加善良溫和的想法很有吸引力，但正念已脫離了它的道德根基。佛教徒懂得區分正確與錯誤的正念，正確的正念擁有健康的意圖，包括爲了他人和自己的福祉。

柏瑟和福布斯認爲，谷歌員工對抗議者的反應，顯示出鴕鳥型的靈性：「他們那種企業正念的形式，充其量只是一種私有化的靈性，狹義理解爲只要探索自己的內心深處就好，並鼓吹以『靈性正確』的形式，採取被動、清靜無爲、與社會問題脫離的姿態。」

我們不該把舊金山的奢華歸咎於少數與會成員，但對速食正念的廣泛的批評卻十分中肯。如果幸運的話，我們很快就會在《矽谷群瞎傳》的某一集中，看到這起事件的戲仿。

迷失在轉譯中

翻譯總會失去一些東西。今天對犬儒學派、斯多噶學派和伊比鳩魯學派這三個名詞的定義，就古代支持者來說，是難以辨識的；塞內卡和奧理略的忠實讀者（包括我在內）往往有同一份拉丁語文本的多種翻譯，因爲它們在意義和格律的處理上大不相同。除了斯多噶主義，佛教是另一個最常被意義駭客翻譯的來源，他們關注的大多是美學和靜心，但也有某些佛教觀點似乎與駭客精神一致。

有一句據說出自佛陀的名言是：「只要不符合你自己的理性和常識，就什麼都不要相信；不管出自誰的口，即使是我。」這個信條很適合凡事靠自己、喜歡理性和實驗的人。然而，當坦尼沙羅比丘（Thānissaro）在流行文化中看到這句話的其他版本時，他認爲它的意義已經不存在這句引言中了。

翻譯的其中一種方法是使用比喻。我們已經看到，斯多噶主義被比做個人作業系統，正念被喻爲提高表現的工具。一位研究這些應用程式的學者也指出類似的情況：「冥想正念手冊將用戶的大腦體驗視爲電腦，而手機是用來更新和改善的校準工具。」我們也看到許多人以流程圖來管理生活的任何層面，從攝取和消耗的卡路里，到工作與靜心。

其中，塔夫特的靜心演算法尤其沒有存在的必要，因爲裡面根本只有線性步驟，沒有岔出的決定。但他認爲，把靜心的步驟化爲演算法並用流程圖表示，可以讓技術人員更容易接觸靜心。冥想正念手冊的框架或許便於智慧手機使用者進行靜心，但把所有設備都放到一邊去，說不定才是明智的做法。

翻譯的另一種方式是強調和省略，通常是無意的。佛教關於懷疑和依靠自己的警句，來自於以「自由探究的許可」而聞名的《卡拉瑪經》[29]。

「它之所以吸引很多人，是因爲它似乎注重自身的力量。」但坦尼沙羅比丘指出，此經最初的傳授包括對外部**和**內部權威的懷疑。是的，你不該完全依賴外界的謠言、傳說、傳統、經文或地位，但也不該完全依賴自己的內部推理，然而這項警告在翻譯時被刪除了。儘管理性、依賴自己和實驗對生活駭客很有吸引力，但佛陀的建議是在社群和導師的支持下，把這些東西**結合**起來。

在奉行不同傳統的三十天實驗中，戴爾．戴維森凸顯了某些東西，卻也忽略了另外一些。在他嘗試這八種傳統的過程中，他去了教堂、猶太教堂、清眞寺，還上了瑜伽課。在佛教的部分，他所做的，就是每天在地板上坐十到二十分鐘，試著注意自己的呼吸。伊比鳩魯主義、斯多噶主義和道教也是類似的個人修練。戴維森非常清楚它們之間的差異和自創宗教[30]的局限性，這一點令人欽佩，但他奉行的卻是一種認爲佛教較不喜社交的闡釋。

正如坦尼沙羅比丘警告的，以個人主義和工具主義的態度追求智慧的危險在於：「你很容易站在自己的貪婪、厭惡或妄想這一邊，把自己的標準訂得太低。」

爲了對抗這種趨勢，練習者需要那些能挑戰和指導他們的人。就像木工學徒會因自身技能的增長，而更懂得欣賞師傅的技術一樣，智慧也是如此。找到睿智的老師本身就是一種技能，而這種技能會隨著練習而成長。但這一點在西方這種複製貼上式的佛教中，往往被遺忘了：「尤其是『徒弟』的概念，幾乎完全缺乏。在掌握佛法（教導）的習慣成爲一種技能時，這一點非常關鍵。佛法原理被簡化爲模糊的概括性話語，而檢驗這些原則的技巧，則被簡化到最低程度。」

大部分的古代哲學，包括斯多噶學派在內，都是以師徒制爲基礎的。在西方哲學中，蘇格拉底—柏拉圖—亞里斯多德的譜系衆所周知；至於禪宗的師徒相傳，則可追溯到西元六世紀，甚至更早。

戴維森的例子告訴我們，生活駭客有許多原則和技術，可以讓他們從中制訂出自己的生活哲學。就像生活中的其他領域，在通往人生意義的道路上，他們也喜歡動手修補和試驗。將斯多噶主義和佛教轉化爲智慧二·〇的個人主義和工具性翻譯有其優勢，尤其是對駭客而言，但正如禪宗所說：指著月亮的手指並非月亮本身。如果智慧二·〇只是用來證明（但不挑戰）駭客精神中固有的某些弱點，那麼它就有可能成爲智慧的近敵。

---

29 這是因為英文版的書名為 *The Kalama Sutta: The Buddha's Charter of Free Inquiry*（直譯為：《卡拉瑪經：自由探究的許可》）。

30 自創宗教（DIY religion）指雖具信仰形式，但未必有經典或固定儀式的宗教，很多時候甚至具備惡搞和諷刺意味，例如已在臺灣成為合法宗教團體的「飛天義大利麵神教」。

9

局限

只有路徑，沒有目的

在一般的日子裡，費里斯的早晨包括了鋪床、靜心、倒立（有助於緩解背痛）、喝茶、寫日記：「如果能做到至少三件事，那麼我就贏了這個早上。俗話說，如果你贏得了早晨，你就贏得了一整天。」這是個好建議，人們很容易浪費上午的時間，接著毀了一整天。

我在本書開頭提過，生活駭客揭示了二十一世紀的某些生活面貌。里特曼在一只智慧水壺上花了十一個小時，這證明，即使是生活中的平凡小事，也越來越被認爲是可破解的系統。我們可以從費里斯的晨間作息中推斷出類似的結論。他透過實驗養成的早晨習慣也是一套系統，能帶來成功的一天。然而就像智慧水壺一樣，看似有用的功能，最終可能會變成挫敗感；一大早就要按清單做事的想法，也可能會轉爲惱怒。

先姆．馬格聶茲（Shem Magnezi）是新創公司 WeWork 的一名軟體工程師，這家公司主要是爲自由工作者、創業者和其他創意工作人員提供共享辦公空間。雖然他喜歡程式設計，也在一家爲初創企業服務的公司工作，但馬格聶茲寫了一篇題爲〈去你媽的創業世界〉的文章。

在這篇文章中，他批評了生活駭客大師們所信奉的自我改善態度。馬格聶茲抨擊那些想成爲創業家的人和工作狂（你們又不是馬斯克）、極端飲食者（狂吃垃圾食品和喝雙豆飲的人），以及自以爲是的聰明人（那些喋喋不休地談論「本週最愛書籍」的人）。

最重要的是，他批評了那些「去你媽的高效能怪胎」：「你們讓我感覺很糟，因爲我早上六點『才』起床。靠，你四點半起床、靜心三十分鐘，再花三十分鐘回顧季度和年度目標，一邊喝著美味的雙豆飲，一邊查看每天的粉絲黏著度分析。」接著，馬格聶茲繼續批評其他流行時尚。他對酷炫靈活的工作場所、無關緊要的面試挑戰、荒謬的行話、工程師炒作，甚至對《駭客軍團》和《矽谷群瞎傳》的膚淺恭維嗤之以鼻：「但最重要的是，創業世界，去你媽的竟然把我變成你們之中的一員。」

如果說，創業世界把馬格聶茲變成了一個生活優化狂，那麼他就是同謀。WeWork 是一家市值超過十億美元的初創企業，換言之，它是一家獨角獸公司，並積極向住房、健身和兒童保健等生活領域擴張。這就是駭客與其所處環境之間的相互關係，而這個世界正日漸成爲其他人的世界。即使你不同意如前谷歌員工保羅．布赫海特所說的、生活是「有系統的系統，延伸到各個角落」，但駭客的崛起，正意味著它漸漸變得如此。

生活的系統化範圍越來越廣，它帶來的壓力也越來越大，荒謬的程度則更甚於此。在網站「麥斯威尼」的笑話中，荷莉．海森瓊斯（Holly Theisen-Jones）描寫了一段絕對不會讓一天虛度的晨間好習慣：

多虧了我的藏式頌缽鬧鐘，我早上四點半就法喜充滿地起床了。做了二十分鐘的鼻孔交替呼吸法，我用三分鐘的冷水澡開始新的一天。接下來我會寫二十分鐘的意識流日記，再寫二十分鐘的感恩日記。

關於早餐，我喜歡喝半公升公平交易的有機防彈咖啡（以酥油、椰子油和犛牛油混合，不用含中鏈脂肪酸的油），這會讓我在結束間歇性斷食前一直處在生酮狀態。順道一提，如果你還沒試過的話，我會說，若要保持體脂低於一七%，沒有什麼方法比間歇性斷食更有效（關於完整斷食計畫，請參閱我的電子書）。

在虛構的早晨之後，海森瓊斯用了更多古怪的混合物做成午餐和晚餐，還提到各種高級產品，包括維他美仕（Vitamix）調理機和戴森吸塵器、高效率的電子郵件軟體、語言學習軟體開發程式、東方靈性、壺鈴運動、整理、管控社交互動，並以非常直接的方式推銷自己的電子書與個人輔導。

這篇一千多字的惡搞文章有個非常貼切的標題：〈我充分優化的生活，讓我有充足的時間優化你的生活〉。它也讓人看到，當我們把生活被視爲一個有待優化的系統時，所使用的各種方法。更重要的是，它還揭露了這類自我成長的目標群衆是誰。

除了特別針對男性或女性的勵志建議，這類題材很少刻意限制受衆。自我成長/勵志的承諾是，如果你現在還買不起維他美仕調理機，只要照著建議做，很快就能買得起了。但許多人就像亞馬遜倉庫裡的揀貨員一樣，只能以路人身分觀看這種標誌著生活方式的象徵。此外，他們還必須爲自己身爲系統的一部分感到滿足，是需要優化的「東西」，而不是「人」。亞馬遜提議的手環裝置（帕夫洛夫電擊手環的改良版）就是一項證據，當員工拿錯東西時，它就會發出嗡嗡聲——直到員工完全被自動化機器人取代。

生活駭客是創意階層的自我成長。那些幸運到能逃脫他人管制的人，必須進行自我管理——也許是戴上帕夫洛夫手環：分心時，就會遭到電擊。對於那些擁有一定自主權的人來說，有很多話可以用來支持駭客精神：自力更生、理性且系統化的思維模式，以及冒險和實驗的意願，都適合這個充滿高科技干擾和機遇的世界。他們的精神是樂觀和優化的（對，這兩個詞來自同一個拉丁文字根）。生活駭客極客們接受這一點，因爲這符合他們的個性和環境，而且可以產生正面結果；大師們甚至可以將駭客精神當做通往成功之路來推銷。

然而，即使在創意階層中，生活駭客也不是絕對正面的。以個人來說，樂觀容易輕信，優化容易過度。而最初以美德的姿態出現的，可能是潛伏在附近的敵人。效率高並不一定有效能，極簡主義可以是貪婪的，而健康主義是病態的，浪漫的征服並不等於人與人的連結，智慧二·〇並不總是睿智。

除了個人之外，當系統遭駭客入侵的結果涉及其他人時，生活駭客精神的展現會產生相當大的差異。雖然生活駭客聲稱自己揭露了一般人理解的規則與實際運作之間的差距，但系統的願景卻往往因此受到損害。在最後一個生活駭客的例子中，我們可以看到駭客思維的過度發展，更重要的是，當涉及到其他人時，他們的目光會有多短淺。

選擇做自己

科技創業者兼作家詹姆斯．阿圖徹（James Altucher）曾答應女兒，要一起去看一場青少年時裝秀。雖然朋友說要把他們列入賓客名單，最後卻沒有實現。阿圖徹沒有生氣，也沒有離開：「我發現，當你表現得困惑但禮貌時，人們會想幫助你。我身後有一群人在排隊。我沒有吵架，也沒有生氣。所以沒人會生我的氣。他們只想結束這種混亂。」於是，工作人員靜靜遞給他們無座位的通行證。

進入會場後，阿圖徹上前對一名工作人員說：「我為《華爾街日報》撰稿，我想我們會得到很棒的座位。」對方跑去查看了一下，但回來後告訴他，他們已把座位排給其他《華爾街日報》的人。這並不奇怪，因為阿圖徹是網站的部落客，而不是報社記者。阿圖徹又被禮貌地請到了後面。在那裡，他和女兒與周圍的人們成了朋友，包括招待員。當燈光暗下來時，一名招待員示意他女兒坐在前面的一個空位上。任務達成。

演出結束後，阿圖徹和女兒去打桌球，但場地已出租供企業活動使用。儘管如此，他們還是看到了一張空桌子，上面有球拍和一顆球，於是玩了一小時。一名工作人員發現了這件事，便要求他們離開。阿圖徹主動提出要支付這段時間的費用，但最後他並不需要付錢，於是他又再一次得到了想要的東西。

阿圖徹是個有趣的人物。他參加過頂尖的資訊科學課程，卻只勉強讀完了大學，念博士班時還遭到退學；他從事對沖基金交易，投資了十多家公司，其中大多數都失敗了，但有些投資獲得了驚人的成果。他喜歡遊戲，包括西洋棋和圍棋，曾有一段時間，他瘋狂地把所有的熱情都投注在撲克上。那段日子裡，他會搭直升機去大西洋城，享受不間斷的週末狂歡。他是個極簡主義者，就像他在波音波音上寫的那樣：「我有一袋衣服，一個裝有電腦、**iPad**和手機的背包。我沒有其他財產了。」幾個月後，這種生活方式成爲《紐約時報》一篇人物特寫的焦點。

他是一位多產的部落客、作家和播客主，主題涉及投資和更廣泛的自我成長。二〇一三年，他將自己的書名《選擇你自己：快樂，賺百萬，實現夢想》（中文版書名爲《雞窩頭下的金頭腦：給魯蛇們的三十一道成功啓示》）做爲勵志口號。舉例來說，阿圖徹電子報主要的一項承諾是教你如何「選擇自己」，讀者只要輸入電子郵件，再點擊「我選擇我」即可。這是個連結到其他電子報的跳板，光是訂閱這些電子報，就要花費數百到數千美元。

阿圖徹最近最熱衷的是數位貨幣（例如比特幣）和單口喜劇。他甚至把這兩者結合起來：他在一次表演中提到，自己在單身派對上付給大腿舞舞者的比特幣，現值一七〇〇萬美元。這確實有點好笑，但他形容自己十幾歲的女兒們「不太聰明，不懂數位貨幣」就太刻薄了。二〇一八年，當新聞網站開始報導「網際網路上那些『比特幣天才』廣告的背後推手」時，他自己也成了嘲笑的焦點。

阿圖徹利用這些庸俗的廣告，來推廣他的「加密交易員」電子報，並讓人們對他投資的一項服務產生興趣：「我保證你會看到如何在未來十二個月內賺到十倍的錢。」如果你因爲他昂貴的建議而損失了所有的錢，就可以免費續訂一年。這種數位貨幣廣告已遭谷歌和臉書禁止。

阿圖徹甚至有可能是前一章所提到的那位「翻桌輸棋手」。阿圖徹曾在兩篇部落格文章中寫過把棋子翻倒在地上的故事：〈當個輸不起的人，會讓你變得富有（或瘋狂）〉和〈生活就像一場遊戲，以下是掌握任何遊戲的方法〉；他帶著女兒闖進時裝秀的故事則來自於〈如何打破所有規則，得到想要的一切〉。

認爲生活是一場零和遊戲，爲了得到自己想要的，可以改變或打破規則，這是生活駭客最強勢的觀點。對駭客精神來說，這並不是必須的，但做爲一種快速解決問題的技巧，它勢必會出現，尤其是在大師之間，因爲它很容易推銷。

當然，這種想法並非阿圖徹獨有。塞提做與其他人相反的事情，好「破解系統」，比如在異國動物身上做伏地挺身；費里斯提倡「透過改變規則，讓不可能成爲可能」，就像他那可疑的踢拳道冠軍一樣。但問題仍然存在：當你打破所有規則、得到自己想要的一切時，其他人會怎麼樣呢？

扭轉規則

阿圖徹闖入時裝秀一事凸顯了駭客精神與個人主義的緊密相連，而個人主義又是美國勵志文化和加州意識形態所固有的。用斯多噶學派的詞彙來說，個人有責任並能透過自己的理性和行爲來獲得美好的生活。這種態度帶來了依靠自我、與世界互動，以及爲了改善而不斷試驗的力量，非常適合一個系統和駭客潛力無所不在的世界。阿圖徹的聰明與對系統思維的喜愛，使他名利雙收。如今，他的建議受到了數萬名讀者和聽衆的追捧與讚賞。

對個人來說，這些特質的另一面，表現爲近乎癡迷和過度的適應不良行爲。例如，大多數人想要一夜好眠（標稱的），而選擇狂人睡眠週期（每兩小時睡十五分鐘）的優化駭客可能會獲得很高的效率，但代價是精神穩定度和社交相容性。同樣的，在阿圖徹的一生中，他曾損失數百萬元、破產、沒朋友、沮喪，也曾沉溺於撲克一整年，並承認在大女兒出生那天，他一逮到機會就逃離醫院，回到賭桌上。正如阿圖徹所說的，他的方法「會讓你變得富有（或瘋狂）」。

至於其他人，阿爾徹從他和女兒的冒險經歷中產生了心得：不要偷竊、謀殺或違反法律，「但大多數的其他規則都可以改變。如果你像河水一樣靈活，最終就能流過途中所有的岩石。」但毫無疑問的，其中某些岩石正是被困在原地的人。

就大多數的規則來說，可改變與不可改變之間的差別是什麼？阿圖徹並未提及，但我可以想到一個簡單的原則和一個比較複雜的評估。只要沒人受傷，改變規則是沒問題的。例如，友好的態度讓他女兒在時裝秀上得到了一個座位，沒有帶來任何損害。友善也是一種普遍的要求，如同我在第一章所討論的，人越友善越好。不過，我想對於時裝秀的工作人員、排在他後面的人，還有那些等著打桌球的人來說，阿爾圖徹會是個小麻煩。如果每個人都做類似的事情，這個世界會變得更糟一些。這與殘疾駭客分享拿取與操作家居用品的技巧不同——這些技巧是有益的，而且不管多少人使用，它們都是有益的。

在最糟的情況下，生活駭客大師所兜售的機能營養補充品（如費里斯）或加密貨幣致富計畫（如阿圖徹），全都是詐騙。他們聲稱發現了傳統思維與生物／經濟系統實際規則之間的鴻溝：費里斯販售的營養補充品「迅思」增強了「神經傳輸和資訊處理」，阿圖徹則「破解了『密碼』」。

這當然不表示大師們一定是騙子；至少，費里斯對營養補充品的喜愛，看起來更像是自欺欺人，而不是故意欺騙。他很可能眞心相信自己給的建議，或至少認爲這能提供其他人實驗的選擇。這也並不代表大師們永遠不會提出好的建議；畢竟，壞掉的鐘一天至少還能準兩次，即使是赤裸裸的虛假建議，也能給人希望或鼓舞。問題是，這項建議要花多少錢？有沒有更好的選擇？

這些生活駭客企業家們充其量只是忽略了，自己的建議來自個人經驗，而這種經驗並不普遍。費里斯的晨間作息或許會惹惱了其他人，這是因爲他假設其他人的處境和自己差不多，因此也會得到類似的結果。那些被孩子的尖叫吵醒的父母，有可能對這樣的早晨幻想翻白眼；那些複製了相同方式卻沒有得到類似結果的人，可能會感到失望；那些無法達到自律的人，則有可能產生怨恨。

同樣的，所處的環境不同，代表不是每個人都有同樣的自由，可以違反規則而不受懲罰。研究顯示，創業與人生早期的「聰明和不正當」傾向有關。這對年輕白人男性來說是有利的，因爲就算違反規則（比如翹課和賭博），對他們未來的影響，也不至於像其他人那麼嚴重。此外，這些違反規則者更可能擁有資金、社會和文化資源以進行創業活動，就算失敗了，這些資源也能幫助他們重整旗鼓。馬克·祖克伯藉由從大學輟學、穿連帽衫來表示對傳統的嘲弄；但如果一名黑人青年做同樣的事，很可能會產生完全不同的解讀。因此，某位批評者認爲，阿圖徹的故事並不是關於善良和改變規則，而是關於將生活駭客當成一種特權。她表示，阿圖徹的建議，只有在「白人男性」的前提下才有效；更甚者，「通常，當你拿了（或要求）不屬於你的東西時，女人還會向你拋媚眼。」阿圖徹打破了規則、得到了自己想要的一切，但也對周圍的人漠不關心。

狹隘的路徑

加州意識形態在德州奧斯汀的西南偏南[31]找到了新家。十五年前，把反主流文化情結、科技決定論，以及自由個人主義融合進數位時代「混合正統」中的灣區駭客、作家和創業者們被貼上了這個標籤。如今，在西南偏南，你可以找到恪守這項傳統的族群。這裡不但有關於自我、生物和健康駭客的演說，也有可能看到費里斯談論迷幻藥的前景，甚至還會看到阿圖徹談論如何超越未來。

事實上，費里斯是西南偏南的常客，並將自己第一本書的成就當做推銷自己優化的案例，拿到二〇〇七年的活動上分享。十年後，他搬到奧斯汀，發現那裡比舊金山更友善，也沒有氾濫的初創企業狂熱和政治正確。

二〇一八年，我在西南偏南看到了某樣東西，恰好體現了這個時代當下的挑戰與生活駭客的回應。事實上，我爲這本書設定的比喻已經變成了現實。松下電器（Panasonic）的展覽「未來生活工廠」中，就涵蓋了這樣的設計概念：「穿戴空間」（Wear Space）是一款配有降噪耳機的眼罩。就像幫馬戴上眼罩以阻絕周圍環境並集中注意力一樣，穿戴空間對人也有同樣的作用。這東西看起來就像一副戴在後腦杓、向前延伸到兩頰的耳罩，是一個可以根據頭部大小調節的隔間。

松下電器在對這款設備的生硬描述中指出，在開放式辦公室工作的員工和咖啡廳裡的數位遊牧者很容易分心：「需要展現出高水準工作表現的員工，需要個人化的空間。」穿戴空間滿足了這種需求，並立即創造出視覺和心理邊界。此外，該設備在日常生活中也很有用，比如學習語言、集中注意力，或是雖然在家工作，但配偶和孩子正在玩耍時。

儘管設計師誠意非凡，但我不認爲這會量產。戴上這個裝置，會讓周圍的人認爲你越過了自己的「心理界線」（意思就是分心了）。儘管如此，松下電器的這款設備還是反映

31　西南偏南（South by Southwest, SXSW）始於一九八七年，每年於美國德州奧斯汀舉行，是全球最大的跨領域展會，也是極具指標的創新與創意內容國際展會，其中包含音樂節、影展及創意產業商展。

出了數位時代的挑戰。

我們生活在一個重視快速和可量化結果的經濟環境、一個重視自我能力的文化、一個衡量和不確定性不斷增加的時代，和一個充滿分心和選擇的環境裡。儘管超人類主義者始終夢想著永生，但我們仍面臨著不確定性和損失。

在這種環境下，創意階層和其他人一樣，尋求著美好的生活。他們可以遠端工作、外包家務、追蹤和實驗生活的各個層面。與其成爲系統中的一個螺絲釘，生活駭客期望的是破解它。他們以一種特殊的方式進行，就像理性的個人喜歡系統和實驗一樣。對他們來說，幸運的是這個世界越來越適合這種方式，有些時候甚至有必要這麼做。

駭客在設計數位系統方面的成功，可以應用到更廣泛的生活領域。測試哪種顏色的網頁廣告能帶來更高點擊率（紅色還是藍色？）的技術，也可以應用於生產力、營養、健身和約會——並伴隨著相應的限制。生活駭客是人格的集體表現、是一種精神，也是與一個系統世界的互惠關係。

即使你不認同這種精神，我在本書中討論的極客和大師們仍確實揭示了人人都面臨的挑戰：通往美好生活的道路（更加健康、富有、明智）是複雜的；即使是筆直通往地平線那端燈塔的道路，也可能讓人誤入歧途。事實上，近敵會在最好的路徑盡頭徘徊。你想獲得滿足嗎？試著蒐集所有玩具，然後再全部扔掉，只剩下九十九個。你希望身體健康嗎？

試著在咖啡裡加椰子油。你希望成爲智者嗎？靜心吧。

人們之所以對「不虛度一天的早晨好習慣」不滿的另一個原因，是這種方法越來越多。勵志/自我成長的核心是一個有利可圖的悖論：永不滿足。勵志評論家史蒂夫·薩萊諾（Steven Salerno）在《虛假：勵志運動如何讓美國變得無助》一書中指出，要預測一個人是否會購買特定主題的勵志書，最好的指標就是過去十八個月內是否曾購買類似書籍。

面對勵志文化的洪流，一項潛在的啓示或許是：**只有路徑，沒有目的**，一切端看你怎麼走過這條路。當然，如果你在迷宮中跑來跑去，把到處獲取額外的系統和小工具（大多是潮流和江湖騙術）加入生活中，是看不到這項啓示的。

然而，與薩萊諾不同的是，我們不應把所有的自我成長建議（和生活駭客技巧）視爲騙局而拋棄。他們確實發現並分享了一些聰明的技術，也有一些有用的框架，能讓生活變得更有意義。更重要的是，我們需要定期提醒。以效率和效能的區別爲例，幾十年來，這一直是自我提升生產力的關鍵所在；而每隔幾年，我們就需要用時下流行的詞彙、熱情和擔憂來總結這些經驗教訓。

生活駭客有時很有效，但偶爾也會帶來有害的副作用。駭客技巧在一定程度上是有用的，但過了那條界線後，它的效能就會開始遞減，或產生負面結果。聰明的技巧和生活方式設計對某些人來說很有效，甚至是那些熱愛跑迷宮者的樂趣所在，但很少有生活駭客停下來質疑迷宮設計裡的不公平。

生活駭客是一種工具，也像一副限制視野的眼罩。在一個干擾無所不在的時代裡，隔離周遭環境是有幫助的；在經濟動蕩的時代，關注更美好的未來是有價值的。即便如此，許多人還是忽視了「眼罩」所帶來的狹隘視野，尤其是那些致力於優化的人。駭客個人可能並未意識到，他們正處於掉出邊界的危險中；至於對他們周圍的人來說，則有被撞到一邊或被踩在腳下的危險。即使是那些支持「戴上眼罩」的人，也可能意識到它會弄痛自己，尤其是不得不在一大早就戴上眼罩的時候。

致謝

人人心中都有生活駭客——我心裡就有很多個。我的思考方式強烈傾向於理性。寫作時，我會把時間分成塊狀，中間用休息來間隔。爲了讓自己確實負起責任，我會每天記錄完成的字數和花費的時間。我不喜歡雜亂，喜歡把東西整理得井井有條。健康狀況和醫療保健系統一直困擾我，所以我會使用計時器和特別的鍵盤，好讓自己能在一定的工作時間後休息。每當我覺得快感冒時，就會吃一片鋅錠（雖然我懷疑那只是安慰劑）。我不善於交際，所以會在大型聚會時替自己製造一些挑戰，比如向三個陌生人自我介紹。我是個焦慮的人，後來在馬可·奧理略身上找到了泰然，並在十多年的正念練習中找到了平靜。我也是個擁有資訊科學學位的白人男性。

以上都可說是很典型的生活駭客特徵。但我不太追蹤其他的東西，也不希望或期待把自己上傳到網路。如果一定要在以大豆爲主的雙豆飲、以燕麥爲主的「人類燃料」（Huel），和長得像布朗尼的「營養餐塊」（MealSquares）三種代餐之間做出選擇，我會選擇人類燃料，但我更寧願吃花生醬加果醬三明治。

之所以著手寫這本書，是希望進一步理解生活駭客，因為我發現它既吸引人，有時也令人擔憂。本書關注的所有焦點，即是我在此一過程中的收穫；但我並不認為這種數位時代的勵志做法是完全有益或有害的，甚至連新奇都稱不上。實際情況其實更複雜，就像那些擁有駭客思維者的故事一樣。

在此，我感謝那些分享生活駭客動機、做法與顧慮的人們，這些人大多充滿熱情，卻不代表他們沒有疑問和擔憂。的確，生活駭客行為主要是一種實驗。與我交談過的一些人沒有出現在正文中，我為此感到抱歉，但與他們的討論仍然有助於我的理解和寫作，包括強・庫辛斯、瑪姬・迪藍諾、阿瓦伊斯・胡珊，以及其他不願透露姓名的人。

除了為我提供資料來源與閱讀草稿的朋友，還有許多人回答了我的提問或對部分內文提出建言。我透過網路或實體出版品追蹤他們，而他們則幫助我更正確理解他們的故事：丹尼・奧布蘭恩、丹尼・里夫斯、貝瑟妮・梭爾、理查・斯普拉格、吉娜・特拉帕尼、泰南、艾咪・韋伯、尼克・溫特。謝謝你們！

最重要的是，有許多人幫助我處理本書內文。

大衛・溫伯格是麻省理工學院出版社「有力觀點」系列的編輯，他為本書的出版提供了寶貴的意見。我是他作品的粉絲，所以真的很幸運，能在規畫本書的核心和行文方式上獲得他的幫助。這麼多年來，大衛一直對我非常好，和他合作很愉快——而且我們都用

Markdown 編輯器來寫作。我對本書能成爲這個系列的一分子感到興奮，並在創用 CC 授權的規範下出版本書的紙本版和電子版。

麻省理工學院出版社的主編吉塔・戴維・馬納塔拉耐心地回答了我的許多問題。邁克・哈魯普和凱薩琳・卡盧梭是仔細盡責的編輯。麻省理工學院出版社的其他人員也提供了許多幫助，包括凱爾・吉普森、加布利艾拉・布埃諾・吉布斯、茱蒂・費德曼、維多利亞・辛德利、尚恩・賴利和麥克・辛斯。我相信還有其他人。

我要感謝幾位學者。我相信通常沒有人喜歡讀博士論文，但我全神貫注地讀完了馬修・湯瑪斯傑出的作品《生活駭客：關鍵歷史，二〇〇四～二〇一四》，以及喬伊・達烏於二〇一〇年出品、關於生活駭客的紀錄片《二・〇的你》。湯瑪斯的作品是這個議題早期且重要的論述，他本人也給予了一些意見回饋。

娜塔莎・舒爾閱讀了完整的手稿，也提供了一些關於書名的建議；芮蓓卡・賈布隆斯基審閱了〈序章〉和關於健康駭客的章節；我在東北大學的同事梅麗爾・阿爾柏好心地與我分享她在認知多樣性的專業知識和資源；貝絲・威廉森分享了她對殘障族群駭客歷史重要性的研究；班傑明・亨尼卡特與我以郵件討論古代和中世紀對拖延症的看法。我還從匿名的審訂者那裡得到了很有用的意見。

感謝那些與我共度時光的朋友們：瓦萊麗・奧羅拉和諾姆・科恩閱讀了整本手稿，並督促我要更嚴謹地對待駭客倫理；我過去的學生艾力克斯·森蘇洛也閱讀了全部內容，並指出了一些需要改進的地方；艾咪·吉爾森爲〈戀愛駭客〉那一章提出了一些很好的建議。

最後，諾拉·沙迪利閱讀了每一章的草稿。我只希望自己做的麵包多少能報答她一些。當卡斯帕提醒我該離開電腦、休息一下時，我總是非常感激，牠會輕推我的小腿，引導我前進。

Eurasian Publishing Group
圓神出版事業機構
用心與你對話・網野無限寬廣

究竟出版社
Athena Press

www.booklife.com.tw reader@mail.eurasian.com.tw

New Brain 034

駭客思維：抓出生活中的不合理，優化你的人生

作　　者／小約瑟夫・雷格爾（Joseph M. Reagle Jr.）
譯　　者／吳宜蓁
發 行 人／簡志忠
出 版 者／究竟出版社股份有限公司
地　　址／臺北市南京東路四段50號6樓之1
電　　話／（02）2579-6600・2579-8800・2570-3939
傳　　真／（02）2579-0338・2577-3220・2570-3636
總 編 輯／陳秋月
副總編輯／賴良珠
責任編輯／林雅萩
校　　對／林雅萩・林婉君
美術編輯／林雅錚
行銷企畫／陳禹伶・曾宜婷
印務統籌／劉鳳剛・高榮祥
監　　印／高榮祥
排　　版／陳采淇
經 銷 商／叩應股份有限公司
郵撥帳號／18707239
法律顧問／圓神出版事業機構法律顧問　蕭雄淋律師
印　　刷／祥峰印刷廠
2021年7月 初版

HACKING LIFE: SYSTEMATIZED LIVING AND ITS DISCONTENTS

定價 360 元　　ISBN 978-986-137-327-0

改變的本質，其實就是創造新經驗，以此代替舊經驗。
創造新經驗需要透過新的行爲獲得新的回饋、新的強化，
並切身體驗到它。
如果只有想像中的期待，而沒有新行爲帶來的新經驗，
改變就很難發生。

——陳海賢，《了不起的我》

國家圖書館出版品預行編目資料

駭客思維：抓出生活中的不合理，優化你的人生／
小約瑟夫・雷格爾（Joseph M. Reagle Jr.）著，吳宜蓁 譯
--初版--臺北市：究竟出版社股份有限公司，2021.07
288 面；14.8×20.8公分--（New Brain：34）
譯自：Hacking Life: Systematized Living and Its Discontents
ISBN 978-986-137-327-0（平裝）
1.社會生活 2.生活水準 3.生活方式
542.53 110008099